MON DICTIONNAIRE D'ÉCONOMIE

Du même auteur :

Les délaissés, Fayard, 2020.

Traité d'économie hérétique, Fayard, 2018 ; Pluriel, 2019.

Macron, un mauvais tournant (collectif), Les liens qui libèrent, 2018.

Introduction inquiète à la Macron-économie (avec F. Farah), Les petits matins, 2016.

Sortir de l'impasse : appel des 138 économistes (collectif), Les liens qui libèrent, 2016.

20 idées reçues sur l'énergie (avec R. Homayoun Boroumand et S. Goutte), De Boeck, 2015.

Le déni climatique (avec H. Landes), Max Milo, 2015.

TAFTA : l'accord du plus fort (avec F. Farah), Max Milo, 2014.

Le mirage du gaz de schiste, Max Milo, 2013.

L'indécence précède l'essence : enquête sur un Total scandale, Max Milo, 2012.

Regards sur un XXIe siècle en mouvement (coordination), Ellipses, 2012.

Reprise ou re-crise ? (avec H. Madi), Res publica, 2009.

Un baril de pétrole contre 100 mensonges, Res publica, 2009.

Thomas Porcher

Mon dictionnaire d'économie

Comprendre, se positionner, débattre

Fayard

Couverture : Le Petit Atelier
ISBN : 978-2-213-71691-6

À Amina.

« Y a-t-il une science économique ? Sans doute pas, si l'on s'en tient à la définition stricte de ce qu'est une science. Mais, dans le fond, peu importe. Car ce qui est certain, c'est que la réalité économique existe, qu'on doit chercher à la connaître et à la comprendre, pour le plaisir que procure toute connaissance et parce que personne ne se satisfait de la réalité telle qu'elle est. »

Bernard GUERRIEN

« Les pensées de la classe dominante sont aussi, à toutes les époques, les pensées dominantes. »

Karl MARX

« L'économie pure se révèle être une parascience aussi éloignée de la science sociale que la parapsychologie l'est de la psychologie. Comme les autres parasciences, elle peut prouver tout et son contraire : dis-moi ce que tu veux, et je te fabriquerai le modèle qui le justifie. »

Samir AMIN

Principes d'édition

L'économie ayant recours à de très nombreux sigles et acronymes souvent plus connus que les noms qu'ils abrègent, le principe adopté a été de les classer alphabétiquement comme s'il s'agissait de noms. Cela concerne :

BCE (Banque centrale européenne)
DSRP (Document stratégique de réduction de la pauvreté)
FMI (Fonds monétaire international)
GAFAM (Google, Apple, Facebook, Amazon, Microsoft)
ISF (Impôt sur la fortune)
NATU (Netflix, Airbnb, Tesla, Uber)
NFT (Non fungible token)
NINJA (No Income No Job and Asset)
OMC (Organisation mondiale du commerce)
PIB (Produit intérieur brut)

PIIGS (Portugal, Irlande, Italie, Grèce, Espagne [Spain])

ZMO (Zone monétaire optimale)

Introduction

Pourquoi ai-je décidé d'écrire un dictionnaire d'économie ? Parce que rien ne vaut la compréhension des mécanismes et l'acquisition de compétences techniques. Il ne s'agit pas ici de jouer sur l'indignation ou d'expliquer l'art de la rhétorique pour pouvoir convaincre, il s'agit de comprendre. Comprendre les débats économiques contemporains pour mieux défendre nos intérêts.

Aujourd'hui, les questions économiques échappent à la majorité du grand public car leurs aspects techniques impressionnent. Beaucoup d'experts, qui ont bien compris les vertus du matraquage des idées, ont réussi à faire croire qu'en économie il n'y avait qu'un seul avenir envisageable : celui de la mondialisation, de la casse du service public et du capitalisme vert. De sorte qu'il a été possible de se demander si un candidat à la présidentielle de

2017, en l'occurrence Emmanuel Macron, était de gauche alors que son programme proposait de faire 15 milliards d'économies sur l'assurance maladie donc sur la santé ; ou encore qu'un porte-parole de son gouvernement, Benjamin Griveaux, puisse affirmer en 2017 que « ça fait trente ans qu'on a le même Code du travail[1]* » alors qu'il y avait eu, entre 2000 et 2016, plus de 200 réformes relatives au marché du travail (dont 20 en 2016 avec la loi El Khomri)[2] ; ou enfin d'être une ministre du Travail, Muriel Pénicaud, se présentant comme « féministe[3] » tout en passant une loi Travail dont les principales victimes seront les femmes, lesquelles sont déjà deux fois plus touchées par les carrières précaires que les hommes[4].

La méconnaissance économique et le manque d'intérêt que suscite cette matière a permis à certains de nos dirigeants de passer tranquillement les pires réformes en se drapant dans de beaux discours sur l'intérêt général. C'est ce manque de connaissance qui empêche tout débat sérieux sur des questions aussi essentielles que le service public, l'évasion fiscale, la réindustrialisation ou la lutte contre le réchauffement climatique. Et c'est cette absence de débats économiques qui a transformé les élections en concours de beauté entre candidats,

---

* Les notes figurent en fin d'ouvrage, p. 319.

où chacun y va de sa petite phrase, surjouant sa posture, et évite la confrontation d'idées. Pourtant les choix de politiques économiques ont un impact majeur sur le cours de nos vies, ainsi que sur le monde que nous allons laisser à nos enfants.

Au final, ceux qui aujourd'hui voudraient un autre monde rejettent la question économique pour la remplacer par des « valeurs humanistes » comme le partage et la solidarité. Or l'économie peut porter ces valeurs et c'est ce que je vais essayer de montrer dans ce livre. La connaissance des mécanismes économiques, des rapports de force et des solutions possibles est un fondement nécessaire à l'esquisse d'un avenir plus juste. L'indignation, la dénonciation collective, les marches, les grèves sont nécessaires pour gagner des batailles mais pas suffisantes pour gagner la guerre. Il faut ensuite pouvoir proposer un projet économique crédible.

Pour cela, il faut que chacun puisse maîtriser un certain nombre de termes clés et leurs enjeux sous-jacents. « Dépense publique », « marché », « finance », « Europe sociale », « attractivité d'un pays » sont des termes omniprésents dans les discours politiques, les débats télévisés et les articles de presse. Pourtant, peu de gens pourraient les définir clairement et dire ce qu'ils recouvrent en France ou à l'étranger. Ce dictionnaire a pour vocation d'y remédier. Riche d'une centaine d'entrées, il propose aussi un système de renvois d'une entrée à l'autre, car aucun débat économique ne peut être traité isolément. On ne peut pas, par exemple, insister sans arrêt sur la nécessité de « réduire la dépense publique » et par ailleurs pleurer sur l'hôpital « qui manque de moyens ». Tout comme on ne peut pas avancer que notre pays serait « à l'avant-garde du combat contre le dérèglement climatique » alors qu'il ne respecte pas les engagements pris à l'accord de Paris.

Loin du discours dominant, le contenu de chaque entrée devrait permettre à chacun et à chacune de structurer sa pensée, de se positionner et d'avoir les arguments pour débattre. Ce dictionnaire peut se lire comme un livre classique, du début à la fin, ou on peut y naviguer en fonction de ses réflexions, de ses conversations, ou pour peaufiner son avis sur une réforme en cours. N'abandonnez pas les questions économiques à une petite caste, trop contente de pouvoir passer des réformes douloureuses pour la plupart d'entre nous tout en prenant des postures sympathiques. Emparez-vous du débat !

A

AAA (triple A)

Évaluation produite par des agences de notation. Le triple A fait partie de ce vocabulaire spécifique au monde des banques qui est apparu dans le débat public depuis la crise de 2007, au même titre que « subprime » ou « agences de notation ». Pour le citoyen, il n'était pas toujours facile de s'y retrouver. Le triple A est une appréciation accordée par une agence de notation, dont les trois principales sont Moody's, Standard & Poor's et Fitch Ratings. Ces trois grandes agences (qui trustent la quasi-totalité du marché de la notation) ont pour fonction de produire pour la communauté financière des appréciations sur la valeur des titres financiers, privés comme publics. Ces appréciations, positives ou négatives, ne sont pas sans conséquences sur la vie d'un titre. Un produit financier ou un titre de dette souveraine peut se retrouver dans la tourmente s'il passe du triple A aux lettres de déclassement comme le C. Dans ce contexte, pour regagner la faveur des investisseurs en matière de dettes publiques* ou même, de manière préventive, pour éviter la dégradation de leur note, les États mettent souvent en place des mesures d'économies sur les dépenses (sur la santé, les retraites, etc.) ou des réformes structurelles* sur le marché du travail (comme les lois travail en France). Ce fut le cas lors de la crise des dettes souveraines* en Europe entre 2011 et 2013, quand les États de la zone euro* craignaient que leur note ne soit dégradée et que les taux d'intérêt de leur dette publique ne s'envolent, rendant l'emprunt sur les marchés financiers plus coûteux et le risque de défaut plus prégnant. Le cas de la Grèce a été emblématique. Dès le début de la crise, à l'automne 2009, ce pays était noté A-. Son déclassement rapide vers les bas-fonds du classement de la notation financière a provoqué une envolée du coût du financement de sa dette publique. Le pays a dû mettre en place une cure d'austérité accompagnée de réformes structurelles pour regagner la confiance des marchés.

En janvier 2012, lorsque la France perd son triple A, de nombreux experts ont parlé d'une « catastrophe » et invoqué l'accélération des réformes pour éviter un scénario à la grecque. Mais la situation financière de la France ne s'est pas dégradée. Idem, lorsque les États-Unis ont perdu à leur tour leur triple A. Les pays riches semblent moins sensibles aux notations. En même temps, les notes sont relatives les unes aux autres et même avec une note dégradée, des bons élèves restent toujours en tête du classement. Baisser les notes de la première ou de la sixième puissance mondiale n'empêche pas les acteurs financiers de se tourner vers leurs titres de dettes souveraines qui restent en comparaison beaucoup plus intéressants que ceux de la majorité des pays.

En résumé, le triple A est une notation qui s'inscrit dans la dynamique de l'évaluation permanente de la performance. C'est le jeu de la concurrence qui amène à évaluer tout et n'importe quoi et à en faire ensuite des classements. Comme toute notation, celle-ci dépend des critères du correcteur. Si le correcteur croit en l'autorégulation des marchés financiers, alors il est capable de mettre la meilleure note à des paquets de crédits contenant des subprimes. C'est exactement ce qui s'est passé. La suite, nous la connaissons : c'est la plus grande crise financière depuis celle de 1929.

Voir* : Crise des dettes souveraines (ou crise de la zone euro), Crise des subprimes, Destruction de l'économie grecque, Réformes structurelles

Accord de Paris

Accord engageant tous les pays à atteindre l'objectif de limiter à 2 °C, voire si possible 1,5 °C, l'augmentation de la température d'ici à la fin du siècle. Après les échecs successifs des COP (conférences des États signataires), l'accord de Paris a été célébré par tous. Mais c'était avant tout une victoire diplomatique, tant le texte est vide. Certes, dès les premières lignes, un horizon est désigné : rester en dessous des 2 °C d'augmentation. Mais une fois cet objectif affiché, tout ce qui peut froisser les intérêts de certains pays ou des multinationales a été scrupuleusement enlevé.

Par exemple, il n'y figure pas les termes « énergies fossiles* » pourtant principales responsables du réchauffement climatique. Les transports aérien et maritime ne s'y trouvent pas non plus. Aucune obligation n'est imposée aux États (de peur que les États-Unis ne refusent de le ratifier, comme ce fut le cas pour le protocole de Kyoto de la COP 3 en 1997). Au lieu de s'engager sur des objectifs chiffrés et contraignants de réduction des émissions de CO_2, les États doivent s'engager à prendre des mesures au niveau national et à communiquer sur elles de manière régulière. L'aspect contraignant se limite donc à des communications sur leurs objectifs en termes de lutte contre le réchauffement climatique, en espérant que la communauté internationale et le grand public fassent pression – selon le principe du « name and shame game » – sur les pays dont les efforts seraient insuffisants. Mais ce jeu de pression sur les mauvais élèves ne peut fonctionner que si certains pays prennent des mesures radicales. Or, comme nous le savons, sur ce sujet, on assiste plutôt à une politique des petits pas (voir climato-sceptique*). Au final, le texte de l'accord de Paris (censé sauver la planète) ne compte qu'une quarantaine de pages. À titre de comparaison, l'accord de libre-échange entre l'Europe et la Corée du Sud en compte plus de 1 800. Pour nos dirigeants, le commerce international compte visiblement plus que le climat.

Voir * : Climato-sceptique, Déni climatique, Énergies fossiles

Actionnaires

Rentiers qui placent leur argent et qui récupèrent la majorité des profits générés par les entreprises.

Avec la montée en puissance de la financiarisation de l'économie, ils sont devenus ceux qu'il faut satisfaire en premier, ce qui a des conséquences non seulement sur les conditions des salariés, mais aussi sur l'investissement et donc sur l'avenir des entreprises.

Les actionnaires, et notamment un petit nombre de fonds de pensions et d'assureurs, choisissent des entreprises en fonction des gains qu'ils peuvent espérer. Pour les attirer, les États mettent en place des réglementations qui leur sont favorables, comme une faible fiscalité ou une plus grande flexibilité du marché du travail*. A l'intérieur de l'entreprise, le rôle du manager consiste plus à assurer un profit suffisamment intéressant aux actionnaires sur le court terme (son revenu en dépend) que de réaliser des investissements qui n'auront un impact que sur le moyen ou le long terme. Les actionnaires ont su lier leur sort à celui des managers par des mécanismes habiles comme les stock-options, faisant en sorte que le salaire du manager ne soit plus qu'une composante de sa rémunération. Les stock-options permettent d'assurer aux actionnaires que le manager travaille pour eux puisque son revenu en dépend (plus les actionnaires gagnent d'argent, plus les stock-options vont être élevés et donc plus le revenu du manager est important).

Cet aspect de la financiarisation de l'économie, avec des fonds actionnaires à la recherche de dividendes à court terme, et capables de se désengager d'une entreprise pour s'engager dans une autre, oblige les entreprises à rechercher du profit à court terme en pesant sur les salaires, en négligeant les investissements à long terme (ou en falsifiant les espérances de profit sur l'investissement à long terme), à fermer des établissements pourtant rentables mais dégageant trop peu de profits à court terme.

Au final, c'est un jeu perdant pour les États, les entreprises et les salariés. Et gagnant pour les actionnaires qui récupèrent plus de 60 % des profits, ainsi que pour les dirigeants dont les revenus augmentent fortement. En France, la rémunération moyenne des dirigeants du CAC 40 est 250 fois plus élevée que le salaire des employés les moins qualifiés[5].

Voir* : Finance, Flexibilité du marché du travail, Libre circulation des capitaux

Aides sociales

Aides de l'État destinées aux personnes souffrant de handicap, aux personnes désocialisées, aux femmes élevant seules un ou plusieurs enfant(s), aux jeunes peinant à trouver un emploi, aux personnes âgées sans ressources, aux chômeurs de longue durée.

À en croire les commentateurs, ces aides seraient un gouffre financier incitant les personnes vulnérables à la paresse. Emmanuel Macron, en juin 2018, déclarait d'ailleurs que la France y consacrait « un pognon de dingue ». Notre président laissait entendre qu'il s'agissait d'argent gaspillé inutilement. Pourtant, à y regarder dans le détail, ces aides ne représentent environ que 70 milliards, soit 3 % du PIB*, dont 13 milliards pour les personnes handicapées, 17 pour les minimas sociaux, 18 pour les allocations logement, 9 pour les prestations familiales sous conditions de ressources, 8 d'aides locales et 5 pour la prime d'activité. Ces aides réduisent les inégalités, elles soutiennent les familles pauvres et leurs enfants ainsi que des personnes en situation de handicap. Elles permettent également que la pauvreté monétaire soit moins intense en France qu'ailleurs. Autrement dit, en

France, les gens vivant sous le seuil de pauvreté sont malgré tout plus proches de ce seuil que dans d'autres pays. Rappelons que les prestations sociales (au sens étroit, hors retraites et chômage) représentent 70 % du revenu des ménages du premier décile (les 10 % des ménages les plus pauvres)[6]. Il faut également ajouter que ces aides sociales sont directement réinjectées dans l'économie (elles ne finissent pas sur un compte en Suisse), elles soutiennent donc la consommation et le carnet de commandes des entreprises.

Voir* : Modèle social, Récit, Répartition des richesses

Argent magique

Terme employé par Emmanuel Macron en 2018. Au cours d'un échange avec une aide-soignante du CHU de Rouen qui lui réclamait plus de moyens pour l'hôpital, le président rétorqua calmement : « Il n'y a pas d'argent magique » puis invoqua « la réduction des déficits publics* et le montant de la dette* ». Deux ans plus tard, le monde sera touché par une pandémie que les Français devront affronter avec des hôpitaux sous-dotés en lits et en personnel soignant. En catastrophe, Emmanuel Macron annonça dans son discours de Mulhouse un plan massif pour l'hôpital après la crise sanitaire, et promit de « se réinventer ». Les déficits et la dette qu'il voulait réduire ont explosé. Combien de vies auraient été sauvées si les investissements nécessaires avaient été affectés au secteur hospitalier ? Sous le premier quinquennat d'Emmanuel Macron, beaucoup d'argent magique est allé aux cabinets de conseil* (dont la production semble toute relative), aux plus riches à la suite de la réforme de l'ISF* (qui n'a pas permis l'investissement escompté), aux entreprises via la baisse de l'impôt sur les sociétés (qui n'a pas empêché la désindustrialisation). Au final, ce n'est pas moins de 20 milliards de baisse d'impôts qui ont été consentis aux plus riches et aux entreprises. En contrepartie, il fallait faire 25 milliards d'économies sur la sphère sociale dont 15 milliards sur l'assurance maladie – autant dire sur la santé (un montant inscrit dans le programme de 2017 d'Emmanuel Macron). L'argent magique a consisté ces dernières années en une forme de ruissellement inversé ne profitant qu'à une minorité.

Voir* : Déficit public, Dette publique, ISF

Atterrés (économistes)

Collectif d'économistes qui se sont fait connaître à l'automne 2010 en publiant un Manifeste qui a été un succès en France et a été traduit dans plusieurs langues. Lancé par les économistes Philippe Askenazy, Thomas Coutrot, André Orléan et Henri Sterdyniak, il a été rapidement signé par plus de 630 autres économistes.

Le but de l'initiative était de remettre en cause, après la crise économique et financière, les schémas de pensée qui ont orienté les politiques économiques depuis plus de trente ans et de critiquer la mise en place des programmes d'ajustement structurels dans la zone euro*. Les premières lignes d'introduction du Manifeste publié en 2010 disaient avec clairvoyance : « En Europe (...) les États, sous la pression des institutions internationales et des agences de notation, appliquent avec une vigueur renouvelée des programmes de réformes* et d'ajustements structurels qui ont dans le passé démontré leur capacité à accroître l'instabilité et les inégalités. Ils vont encore aggraver la crise européenne. » Les dirigeants européens et les économistes* des grandes institutions n'ont pas prêté attention aux alertes des économistes atterrés. L'austérité budgétaire* a été appliquée, notamment dans les pays du sud de l'Europe, ce qui a amplifié la récession économique. Il faudra attendre 2013 pour que l'économiste en chef du FMI*, Olivier Blanchard, reconnaisse son erreur de diagnostic et admette, dans un article publié dans la meilleure revue académique en économie, l'*American Economic Review*, avoir sous-estimé le multiplicateur* de l'économie grecque[7]. L'austérité imposée aux Grecs a donc eu un impact sur l'économie bien plus négatif que prévu. Sept ans plus tard, même Emmanuel Macron a reconnu, alors qu'il était candidat à l'élection présidentielle de 2017, que « la France et l'Europe n'ont pas été au rendez-vous de la reprise mondiale » et que « face à la crise, l'Europe s'est enfermée dans une politique économique inadaptée, s'engageant dans une politique d'austérité à contretemps[8] ».

Les articles des économistes atterrés sont en libre accès sur leur blog et il est difficile de trouver des points où ils se sont trompés depuis la création du collectif. Par exemple sur le CICE, qui devait créer 1 million d'emplois. Beaucoup d'économistes libéraux et d'éditorialistes soutenaient la mesure. Les économistes atterrés quant à eux ont dès le début pointé son coût budgétaire énorme pour des gains en termes d'emplois à la fois hypothétiques et farfelus. Ce qu'a confirmé un rapport de

France Stratégie : la mesure aurait créé environ 100 000 emplois entre 2013 et 2017, soit 10 fois moins que le chiffre annoncé au départ, pour un coût budgétaire de 18 milliards d'euros par an[9]. Idem pour la réforme de l'ISF* : dans une note datant de 2017, les économistes atterrés ont affirmé qu'elle ne favoriserait pas l'investissement mais la spéculation[10]. Quatre ans après sa mise en place, un autre rapport de France Stratégie montrait qu'elle n'avait pas provoqué d'envolée de l'investissement[11]. Si vous voulez avoir un avis de qualité sur les politiques économiques mises en place, produit par des économistes qualifiés (tous enseignants-chercheurs), je vous invite à consulter leur blog, à suivre leurs interventions dans les médias (ils sont une soixantaine d'économistes actifs dans le collectif) et à lire leurs livres.

Voir* : Destruction de l'économie grecque, Économie, Économiste, Récit

Attractivité d'un pays

Pour beaucoup (trop) d'experts, l'attractivité d'un pays se résume à une fiscalité accommodante pour les entreprises et des règles plus souples en matière sociale ou d'accès aux marchés publics. Baisse de la fiscalité* et réglementations simplifiées seraient, nous dit-on, nécessaires pour attirer les investisseurs étrangers. Les faits contredisent ces arguments. Par exemple, dans les années 1980, en Corée du Sud, il fallait obtenir 299 permis auprès de 199 administrations pour ouvrir une usine, et cela n'a pas empêché le pays d'être attractif[12]. Pourquoi ? Parce que son économie était dynamique et que pour les investisseurs le jeu en valait la chandelle. Les critères d'attractivité ne se résument donc pas à une question de fiscalité ou de réglementations. Ils prennent en compte la performance économique du pays, l'efficacité des entreprises présentes sur le marché, l'offre de services publics et, enfin, les infrastructures (routes, transports, écoles, etc.).

Par exemple, la France est une destination choisie par les investisseurs pour la qualité de ses infrastructures (transports, communications), de sa main-d'œuvre (parmi les plus productives au monde) et de sa recherche et développement. Trois éléments qui dépendent plus ou moins directement de l'action publique. Les infrastructures sont financées par l'État, tout comme la qualité de la main-d'œuvre via le système éducatif et la recherche. À l'inverse, la réduction des impôts sur les entreprises (dans le but de les faire venir) créerait un manque à gagner pour les finances publiques qui finirait à terme par dégrader les critères qui font l'attractivité de la France.

Voir* : Fiscalité, Modèle social

Austérité budgétaire

L'austérité budgétaire désigne une politique qui consiste à réduire la progression de la dépense publique* voire à la faire diminuer d'une année sur l'autre. L'austérité est un gage de crédibilité politique auprès de nombreux experts même si certains concèdent qu'il ne faut pas l'appliquer trop violemment. Il est également possible, comme le font certains politiques, de pratiquer une austérité déguisée en se vantant de donner plus de moyens à certains secteurs mais en réalité en réduisant la progression des dépenses publiques par rapport à l'augmentation de la population ou à l'inflation.

L'austérité amène à la dégradation des services publics ou à la diminution des prestations sociales, qui représentent l'essentiel de la dépense publique. Lorsque l'on sait que le service public est le patrimoine du pauvre et que les prestations sociales (hors retraites et chômage) représentent 70 % du revenu des 10 % des ménages les plus pauvres, on comprend mieux quelle classe sociale va être affectée par une cure d'austérité.

Enfin, rappelons que l'austérité a souvent des résultats contre-intuitifs. Essentiellement mise en place pour faire réduire le déficit* et la dette publics*, elle amène souvent, à cause de la baisse du PIB* qu'elle entraîne, une hausse relative de la dépense publique, du déficit et de la dette en pourcentage de PIB. Par exemple en Grèce, entre 2009 et 2015, tandis que la dépense publique baissait de plus de 20 % (en montant), le PIB s'est effondré, entraînant une augmentation de la dépense publique en pourcentage de PIB (telle qu'elle est calculée communément), de 54,1 % à 55,4 %. Les défenseurs de l'austérité oublient que dans le rapport dette sur PIB, l'important est de faire augmenter le PIB plus vite que la dette, et pas de s'occuper uniquement du montant de cette dernière.

Voir* : Aides sociales, Dette publique, Destruction de l'économie grecque

Avantages comparatifs

Probablement l'une des théories les plus importante du commerce international. Elle a été émise par l'économiste britannique David Ricardo au XIXe siècle et exerce encore une influence majeure dans le choix des politiques économiques à mener, notamment dans les pays en développement*. La théorie des avantages comparatifs stipule que chaque pays a intérêt à se spécialiser exclusivement dans la production du bien pour lequel il dispose d'un avantage comparatif, c'est-à-dire la production pour laquelle son avantage est le plus grand (ou son désavantage le plus faible). Par exemple, si un pays possède du pétrole mais n'a pas les plus grosses réserves, il a quand même intérêt à se spécialiser dans la production de ce bien. Cette théorie se vérifie en partie dans les faits. Un pays comme la République du Congo a comme avantage comparatif la production de pétrole qui représente 90 % de ses exportations mais moins de 0,5 % de la production mondiale tout comme l'Arabie saoudite dont la production représente 11 %. L'Arabie saoudite a donc un avantage comparatif bien supérieur à celui du Congo sur le pétrole, mais relativement à d'autres pays (qui ne produisent pas de pétrole), le Congo a quand même intérêt à se spécialiser dans la production de pétrole.

Dans le contexte de développement progressif des échanges internationaux depuis 1945, la théorie des avantages comparatifs a connu un franc succès car elle permet d'augmenter, grâce à la spécialisation de chacun, la production de biens et la productivité* au niveau mondial. Mais l'échelle mondiale masque les rapports de force et les inégalités du commerce international. Au niveau local, il faut être conscient que le choix de la spécialisation se fait aux dépens d'autres productions parfois nécessaires. Par exemple, en se spécialisant dans le pétrole, le Congo a abandonné l'agriculture ou le bois. Par ailleurs, toutes les spécialisations ne se valent pas (certaines permettent d'employer de la main-d'œuvre locale, ce qui est positif, d'autres non).

Au niveau international, la théorie montre également que les « grands pays » se spécialisent partiellement quand les « petits pays » doivent quant à eux se spécialiser totalement. Encore une fois, on trouve des vérifications de cette théorie dans les faits puisque les pays riches ont tous plutôt des économies diversifiées (les États-Unis sont un des premiers acteurs dans le pétrole mais également dans l'automobile, le digital, la finance, etc.) quand une majorité de pays pauvres sont quasiment des mono-exportateurs, ce qui les place non seulement en situation de dépendance vis-à-vis de l'extérieur mais également à la merci des fluctuations des cours mondiaux (quand le prix du pétrole chute comme pendant la crise du Covid-19, un pays comme le Congo, mono-exportateur, s'appauvrit beaucoup plus rapidement que d'autres). Cette ultra-spécialisation est d'autant plus encouragée que les banques et le FMI* (prêteur de dernier recours) n'acceptent de financer que les productions disposant d'un avantage comparatif à l'export (le pétrole pour le Congo, le cacao pour la Côte d'Ivoire, etc.).

L'avantage comparatif est la principale justification du libre-échange* qui profite majoritairement aux industries des pays riches. Cette théorie enferme les pays pauvres dans des productions qui servent d'abord les pays riches et les rendent dépendants aux importations en provenance de ces mêmes pays (pour le prendre encore une fois pour exemple, le Congo exporte la quasi-totalité de son pétrole mais doit ensuite importer de l'essence !). La promesse de cette théorie consistait à faire entrer les pays dans le commerce international pour permettre ensuite leur développement. Pourtant, l'histoire montre que la plupart des pays riches ont usé du protectionnisme* pour se développer (en premier lieu les États-Unis) et ne sont devenus de fervents défenseurs du libre-échange que lorsqu'ils se trouvaient en position de force.

Voir* : FMI, Libre-échange, Pays en développement, Protectionnisme

B

Banque européenne pour le climat

Banque censée financer des projets liés à la transition écologique. Elle a fait l'objet de débats lors des élections européennes de 2019 et sa création figurait dans les programmes de LaREM, du PS et de EELV. Or, concrètement, au-delà de la communication et des effets de manches, une banque pour le climat en Europe soulève pas mal de questionnements, notamment sur la pertinence des projets qu'elle serait amenée à financer. Cette banque doit-elle financer les EPR d'EDF ? Selon les écologistes français non, mais selon LaREM oui. Et selon les Italiens, non (puisque l'Italie a refusé de développer l'énergie nucléaire*). On voit donc la difficulté de trouver un consensus sur les secteurs à financer. D'ailleurs, qui aura la compétence pour définir ce qu'est une bonne transition énergétique à l'échelle européenne ? Avant de faire une banque pour le climat, il faudrait peut-être établir une liste précise de ce qui entre dans la transition écologique ou pas, afin de fermer la porte au green washing.

Le risque avec ce type de banque est de retomber dans les travers de l'UE qui veut trop souvent imposer un modèle unique sans tenir compte des caractéristiques des différents pays membres. On le constate avec l'application stupide des critères européens – contrôle des déficits, faible inflation – à des pays qui ont des niveaux de développement et connaissent des évolutions démographiques très différents. Une banque européenne pour le climat risque d'engendrer la même configuration, avec l'obligation d'appliquer un même modèle pour avoir accès au financement. Tout le monde devra-t-il appliquer le modèle allemand et rouvrir des centrales à charbon ? Les 27 pays, du fait de choix politiques antérieurs ou de leur situation géographique, auront des transitions énergétiques différentes. Certains pays auront plus recours au solaire, d'autres aux éoliennes, d'autres encore aux énergies marines. Par conséquent, une banque européenne pour le climat n'a aucune légitimité pour évaluer la pertinence de ces projets qui doivent être décidés à une échelle nationale. Là encore se pose la question de l'échelon le plus pertinent pour résoudre un problème. L'addition de pays sur le papier ne fait pas une volonté commune (surtout dans un espace de concurrence – le marché unique* – où les choix énergétiques sont à la base différents). On en revient donc à la question du levier budgétaire de chaque État pour financer les investissements dans la transition énergétique. Plutôt que de contourner la question budgétaire en créant une institution supplémentaire, il faudrait s'attaquer au cœur du problème : les traités européens*.

Voir* : Accord de Paris, Déni climatique, Énergie nucléaire, Énergies fossiles

BCE (Banque centrale européenne)

Incontestablement, l'institution la plus connue de l'Union européenne, elle a, année après année, concentré la majorité des attentes au fur et à mesure que les problèmes économiques se multipliaient dans la zone euro*. L'un de ses gouverneurs, Mario Draghi, a éclipsé tous les autres et est devenu une sorte d'icône. Le tout premier, Wim Duisenberg, n'a laissé aucun souvenir, tandis que le deuxième, Jean-Claude Trichet, est resté associé à un euro fort très largement responsable d'une partie de la désindustrialisation en France. Enfin, Christine Lagarde, la dernière en date, continue le travail de Mario Draghi.

La BCE est sur le papier la banque centrale la plus indépendante du monde. Ce statut repose sur une théorie très en vogue dans la pensée économique d'inspiration libérale. Cette dernière considère que la gestion de la monnaie doit être tenue loin des États, lesquels en feraient un usage démagogique et fluctuant selon les périodes électorales. Plus encore, cette subordination de la monnaie au politique serait génératrice d'inflation* et n'aurait que peu d'effets sur la croissance et l'emploi. De ce présupposé naît alors l'idée d'une banque totalement indépendante, dont la seule mission serait d'assurer la stabilité des prix. Mais si l'institution qui gère la monnaie n'est plus responsable devant les citoyens, devant quelle instance doit-elle l'être ? La réponse est : les marchés financiers.

La Banque centrale européenne est peut-être indépendante dans les textes mais, dans les faits, elle est un organe politique qui avantage certains États plutôt que d'autres. Il faut être aveugle pour ne pas voir que la Banque centrale, par ses statuts et ses missions, est l'expression de la conception allemande de la monnaie, tournée essentiellement vers la lutte contre l'inflation. Après 2012, la banque sera, certes, un peu moins allemande lorsqu'il s'agira de sauver l'euro et d'imaginer des interventions pour racheter les dettes des États européens. Mais les débats internes à son comité de politique montrent bien que certaines conceptions l'emportent sur d'autres, sans qu'aucun électeur y ait son mot à dire.

La Banque centrale européenne, c'est aussi un peu le « bad cop » de la zone euro, chargé d'organiser des missions de police à l'égard des États récalcitrants aux règles européennes. En 2011, Jean-Claude Trichet, trouvant Silvio Berlusconi insuffisamment attentif aux recommandations de politique économique de son institution, décida de laisser la spéculation sur la dette italienne prendre des proportions considérables pour provoquer un changement de gouvernement. En novembre 2011, le Cavaliere céda sa place à Mario Monti qui infligea une terrible austérité à l'Italie. Quoi qu'on pense de Silvio Berlusconi (personnellement, je suis évidemment très réservé à son sujet), est-il acceptable qu'une banque centrale puisse exercer une telle pression sur un État souverain et son pouvoir démocratiquement élu ?

En 2015, la Grèce* donna les rênes du pouvoir au jeune Alexis Tsípras pour en finir avec l'austérité budgétaire* qui sévissait dans le pays depuis 2010. La BCE réduisit l'accès aux liquidités à son économie. Une forme d'avertissement à Tsípras et une volonté d'asphyxier le printemps grec. On se souvient tous de cette image d'un retraité grec pleurant devant un distributeur parce qu'il n'arrivait pas à retirer de l'argent. Depuis, Alexis Tsípras a été contraint de se plier à toutes les exigences des institutions européennes et internationales, et son très médiatique ministre de l'Économie en blouson de cuir, Yánis Városufakis, a dû démissionner.

Certes, la Banque centrale européenne a préservé l'euro et a garanti aux États un endettement sans pleurs. Mais l'institution de Francfort reste la gardienne d'un ordre économique redoutable pour les travailleurs. L'endettement à bas coûts se fait en échange de pressions pour effectuer des réformes dites structurelles*. C'est aussi le maintien de la domination des marchés financiers comme source principale de financement des besoins de l'État. La Banque centrale européenne a un grand chemin à parcourir avant de devenir la banque démocratique de l'Union européenne.

Voir* : Austérité budgétaire, Destruction de l'économie grecque, Réformes structurelles, Zone euro

Bitcoin

Créé par Satoshi Nakamoto (dont personne n'a pu vérifier l'identité réelle) après la crise de 2008, le bitcoin est une monnaie virtuelle dont la fonction est de réaliser des paiements en ligne sans intermédiaire. Affranchi des banques privées et des banques centrales, laissant place à des utilisateurs égaux, il a été perçu par certains au départ comme une monnaie de contestation voire comme une alternative au capitalisme. Néanmoins, n'étant soumis à aucune régulation, il est très vite devenu objet de spéculation pour les uns ou une valeur refuge pour ceux qui veulent échapper à des réglementations contraignantes. Ainsi, lors de la crise à Chypre en 2013, des clients des banques chypriotes ont converti leurs avoirs en bitcoins avant l'instauration du contrôle des changes. Idem dans le cadre du conflit ukrainien où le bitcoin est devenu un moyen pour les Russes fortunés de contourner les sanctions bancaires à l'égard de la Russie. Au final, le bitcoin se voulait une monnaie révolutionnaire mais a reproduit tous les travers de la finance de marché.

Voir* : Métavers, NFT

Bobo

Acronyme de bourgeois-bohème, il s'agit d'une personne issue d'un milieu plutôt aisé mais qui, contrairement à la bourgeoisie classique, s'interroge sur les injustices du monde voire s'en indigne, sans vouloir pour autant réellement le changer car cela supposerait qu'elle perde une partie de ses privilèges. Le bobo est principalement urbain bien que la crise du Covid-19 l'ait amené à se répandre un peu partout.

Le bobo prône de bonnes valeurs : la mixité sociale, l'humanisme, la paix dans le monde et l'écologie. Beaucoup de choses l'offusquent : la société patriarcale, les inégalités, la pollution, le racisme, l'absence de lutte contre le réchauffement climatique, la perte de biodiversité, la maltraitance animale, etc. En ce sens, le bobo, grâce à son pouvoir d'achat élevé et à sa forte influence culturelle, a la capacité de faire évoluer les choses. On lui doit probablement le développement du bio dans les supermarchés, l'augmentation de l'utilisation du vélo dans les villes, le déploiement de l'utilisation du coton bio dans les vêtements ou la mise sur la place publique de thèmes aussi importants que l'écologie ou la lutte pour l'émancipation des femmes.

Mais le bobo s'arrête souvent à l'indignation ou à la dénonciation en aval (pourvu qu'elle soit instagrammable), il s'oppose plus difficilement en amont aux causes dont il déplore les effets. Par exemple, dénoncer l'évasion fiscale mais pas le fonctionnement de l'Europe (marché unique*, zone euro*) qui la favorise. Défendre l'hôpital public mais soutenir en 2017 le candidat qui veut retirer 15 milliards à l'assurance maladie. S'émouvoir de la misère du monde et du dérèglement climatique mais défendre le libre-échange* (sur ce point les mentalités commencent cependant à changer depuis quelques années). En fait, comme le système profite au bobo – du fait de son origine sociale bourgeoise –, sa détermination à changer les choses s'arrête à quelques améliorations à la marge du système actuel. Les questions relatives aux collectivités locales, au service public, aux retraites, à l'augmentation du SMIC ne l'intéressent guère. En résumé, il faut s'indigner (et souvent à juste titre) de tout mais il ne faut surtout pas remettre en cause la répartition des richesses*.

Voir* : Europe sociale, Récit, Résilience

Brexit

Sortie du Royaume-Uni de l'Union européenne. Ce fut un moment de sidération pour tous ceux qui avaient vanté pendant des années les bienfaits du modèle libéral et de l'Union européenne. Comment le Royaume-Uni, un pays libéral, longtemps désigné comme exemple par la Commission européenne pour la libéralisation de son économie, attirant tous les talents du monde parmi lesquels de nombreux Français partis travailler dans la finance et affichant un taux de chômage au-dessous de 5 %, pouvait-il vouloir quitter l'Union ? Au matin du 24 juin 2016, jour des résultats du vote sur le Brexit, beaucoup de commentateurs se sont rendu compte qu'une majorité d'Anglais ne voyaient pas leur propre pays comme l'endroit idyllique décrit depuis l'extérieur. Deux millions d'entre eux étaient mal nourris, un million en contrats zéro heure (des CDI sans garantie d'heures payées ni de salaire minimum), les services publics avaient quasiment disparu dans certaines régions, des zones étaient sinistrées par le chômage, les inégalités de revenus et territoriales étaient en forte progression depuis trente ans. Le revers de la médaille du libéralisme anglais, celui qui n'a été que trop rarement montré, avait servi de carburant au vote en faveur du Brexit. Cela a été maintes fois expliqué, le vote en faveur du Brexit visait plus la mondialisation et l'immigration que l'Union européenne en tant que telle. L'immigration dénoncée était cependant majoritairement issue de l'Union, en particulier celle venant de l'est de l'Europe, car elle était perçue comme vecteur d'une concurrence déloyale vis-à-vis des travailleurs anglais. D'ailleurs, le Royaume-Uni avait de « faibles contraintes européennes », ses contributions avaient diminué sous Thatcher et il n'avait pas adopté l'euro. Le vote Brexit, comme le vote Trump aux États-Unis, sont le retour de bâton du tournant libéral initié par Reagan et Thatcher dans les années 1980. Partout où la logique libérale s'impose, les inégalités augmentent (d'ailleurs, ces pays font partie des pays riches où les inégalités ont le plus augmenté), et les partis d'extrême droite arrivent à déporter le problème lié au modèle économique sur l'immigration. Il en résulte un renforcement des partis xénophobes. C'est également le cas en France où la présidence d'Emmanuel Macron devait, nous disait-on, affaiblir l'extrême droite, et n'a, en fait, que permis sa progression.

Voir* : Destruction de l'économie grecque, Flexibilité du marché du travail, Pompes aspirantes de l'immigration

Bullshit théories économiques

Ensemble de théories aussi prétentieuses que fumeuses qui ont réussi à s'imposer comme corpus indiscutable. La plus connue est probablement la courbe de Laffer que l'on peut résumer par la phrase suivante : « Trop d'impôt tue l'impôt. » Selon l'auteur, qui, rappelons-le, a dessiné sa courbe sur une table de restaurant, au-delà d'un certain taux d'imposition, les acteurs ne seraient plus incités à travailler ou à investir, car la perspective d'être pareillement imposés les en dissuaderait. Au final, lorsque le taux d'imposition est trop élevé, les agents adaptent leur comportement, ce qui entraîne une baisse de rentrées fiscales. Ce propos a justifié largement les allègements fiscaux à destination des plus riches sous Reagan, Thatcher et plus récemment sous Macron. Pourtant cette théorie n'a jamais été vérifiée empiriquement, tout comme personne n'a jamais pu chiffrer le taux d'imposition au-delà duquel les recettes fiscales seraient supposées diminuer.

Dans la même veine, on trouve également « l'équivalence Barro-Ricardo ». Ce théorème laisse entendre que lorsque l'État intervient dans l'économie, les agents économiques sont convaincus que les soutiens de l'État d'aujourd'hui seront payés demain par un surcroît d'impôts, et épargnent donc leur argent au lieu de consommer. En somme, conscient – pour ne pas dire omniscient – des dangers économiques à venir, chacun viendrait à épargner ce que l'État injecte pour le pousser à consommer. Là encore, cette théorie n'a trouvé aucune vérification. En revanche, elle a servi l'offensive antikeynésienne des années 1980 pour imposer des orientations économiques en faveur du marché.

Enfin, en guise de dernier exemple, on peut citer « l'effet d'éviction ». Selon ce prétendu mécanisme, les besoins de financement des États finiraient par assécher les fonds prêtables disponibles sur les marchés de capitaux et feraient grimper les taux d'intérêt. L'État capterait donc l'épargne disponible et rendrait coûteux le financement de l'investissement privé. Là encore, il s'agit d'une fable économique pour discréditer toute intervention de l'État. Aujourd'hui, les investisseurs sont friands des titres de dettes souveraines et les taux d'intérêt n'ont en rien augmenté, alors même que le monde vit sur une montagne d'épargne qui ne se convertit pas en investissement.

La liste des théories prétendument savantes en économie et qui peinent à trouver une quelconque vérification empirique ne se réduit pas à celles que nous venons d'énoncer. D'autres apparaissent toujours comme des vérités ou, a minima, des consensus. Et toutes alimentent un certain récit* et les choix politiques qui vont avec. À défaut d'avoir été vérifiées, ces théories attestent le fait que la science économique* et les intérêts idéologiques ne se séparent que très difficilement.

Voir* : Charge de la dette, Économie, ISF, Récit

C

Cabinets de conseil
Carburants (prix des)
Charge de la dette
Chômeurs profiteurs
Climato-sceptique
Crise des dettes souveraines (ou crise de la zone euro)
Crise des subprimes

Cabinets de conseil

Cabinets privés payés à prix d'or par l'État pour lui expliquer « comment faire mieux avec moins » avec des « solutions toutes faites » généralement présentées sur un power point. Avec « l'affaire McKinsey », cabinet de conseil étant intervenu au plus haut niveau de l'État français pendant la pandémie tout en pratiquant des stratégies d'optimisation fiscale, la place des cabinets de conseil dans le secteur public a défrayé la chronique. Selon un rapport du Sénat de mars 2022, les dépenses en missions de conseil de l'État ont dépassé le milliard d'euros en 2021[13].

Pourquoi l'État, alors qu'il a des hauts fonctionnaires en son sein formés dans les mêmes écoles que les consultants des cabinets de conseil, a-t-il recours à des missions externes auprès du secteur privé ? Il faut bien comprendre qu'à la tête de l'État beaucoup de hauts fonctionnaires partagent les vertus des techniques managériales du secteur privé. Beaucoup sont persuadés que le secteur public a tendance au gaspillage et que le recours aux cabinets de conseil permet une meilleure gestion des ressources. En réalité, ces hauts fonctionnaires partagent la même idéologie managériale que les consultants qu'ils embauchent. Il suffit de lire les rapports de Bercy ou de la Cour des comptes pour comprendre leur vision de la politique économique. Ils veulent imposer à la société, sous couvert de neutralité, la réduction du nombre des fonctionnaires, l'augmentation du temps de travail pour les enseignants, le contrôle des chômeurs, le recul de l'âge de la retraite, la baisse des pensions, la réduction des durées d'hospitalisation, la baisse des dotations aux collectivités locales, etc. D'ailleurs, en France, la généralisation de la pratique du pantouflage entraîne un mélange des genres extrêmement malsain entre grandes firmes et haute fonction publique. Emmanuel Macron, inspecteur des finances puis banquier chez Rothschild, en est le meilleur exemple. Il faut bien garder à l'esprit que, dans notre pays, il est possible de diriger la Sécurité sociale un jour puis le lendemain de travailler pour un grand assureur privé. Tout comme il est possible de passer de la législation fiscale à la direction fiscale d'un grand groupe. Le recours aux cabinets de conseil n'est qu'une preuve supplémentaire de la déroute d'un État central qui perd la notion d'intérêt général.

Voir* : Libéralisation des marchés de l'énergie, Privatisation, Récit

Carburants (prix des)

Thermomètre de la grogne sociale. Pourtant ce sujet n'intéresse guère les élites pour qui les hausses des prix des carburants sont faiblement perceptibles (plus vous gagnez, moins vous sentez les quelques euros en plus sur un plein) et qui vivent majoritairement à Paris (où la voiture est inutile grâce aux transports en commun).

Seulement, partout où l'emploi devient précaire, où les infrastructures de transports sont inexistantes et les services publics à l'abandon, une hausse des prix du carburant est souvent la goutte d'eau qui fait déborder le vase. On se souvient évidemment du mouvement des Gilets jaunes. Car le carburant est une dépense contrainte pour la majorité des Français. Si le prix augmente, vous devez rogner sur d'autres dépenses, s'il baisse, vous récupérez un peu plus de pouvoir d'achat. Les fins de mois difficiles d'une majorité de Français sont suspendues à la volatilité des prix du pétrole. Difficile de comprendre, dans ce contexte, sauf s'il s'agit d'une forme de mépris, pourquoi personne ne s'est penché sur la fiscalité* des carburants qui représente entre 50 % et 60 % du prix. Surtout que le problème n'est pas nouveau. Entre 2004 et 2014, le pétrole passait de 40 à plus de 100 dollars le baril. En 2011, l'ancien P-DG de Total, Christophe de Margerie, affirmait que le litre d'essence finirait par atteindre 2 euros. En 2012, François Hollande mettait dans ses dix propositions phares le blocage des prix de l'essence. En 2018, des milliers de citoyens avec un gilet jaune manifestaient contre la hausse des prix de l'essence. En 2022, le conflit ukrainien entraîne une hausse des prix du pétrole… Et pourtant, hormis des politiques de court terme mises en place dans l'urgence, rien n'a été envisagé pour repenser en profondeur la fiscalité des carburants afin qu'elle soit plus juste.

Voir* : Diesel, Énergies fossiles, Fiscalité, Signal prix

Charge de la dette

Indicateur de soutenabilité de la dette publique, la charge de la dette représente les dépenses de l'État consacrées au paiement des intérêts de la dette*. Cet indicateur est plus juste que le ratio dette publique en pourcentage de PIB* qui fait souvent l'objet de débats dans les médias. La charge de la dette est la vraie contrainte sur nos finances publiques, elle peut être rapportée aux recettes publiques ou au PIB. Depuis 2011, la charge de la dette rapportée au PIB et aux recettes publiques diminue. Par exemple, la charge de la dette (en % du PIB) est plus faible aujourd'hui que dans les années 1990. Au final, les faits montrent que, ces dernières années, la dette publique a certes augmenté mais que ce qu'elle nous coûte diminue. L'épouvantail de la dette publique et de la hausse des taux a été agité pour que les populations acceptent les économies sur l'hôpital et les collectivités locales. En réalité, ces coupes n'avaient rien à voir avec la dette, elles visaient juste à compenser les baisses de fiscalité sur les plus riches (ISF) et les entreprises (IS).

Voir* : Dépense publique, Dette publique, ISF

Chômeurs profiteurs

Mythe véhiculé par des politiques et autres experts visant à expliquer que les prestations chômage inciteraient les chômeurs à ne pas rechercher un travail. On se souvient de Christophe Castaner, porte-parole du gouvernement d'Emmanuel

Macron, qui accusait certains Français de toucher le chômage pour partir en vacances. Cette représentation du chômeur profiteur renoue avec la vieille pensée du XIXe siècle qui considérait le chômage comme une faute, et est très éloignée de la réalité des chiffres. Il est important de rappeler que, sur 5 millions de demandeurs d'emploi inscrits à Pôle emploi, seulement 50 % sont indemnisés. Pour ceux qui touchent une indemnisation, elle est en moyenne de 1 050 euros. Enfin, une étude de Pôle emploi publiée en 2018 a établi que 88 % des chômeurs recherchent activement un emploi[14]. Alors pourquoi les politiques et autres experts libéraux s'acharnent-ils contre les chômeurs ? Tout simplement parce qu'il est plus facile de s'attaquer aux chômeurs qu'au chômage. Surveiller les chômeurs pour mieux les radier à la première faute, baisser les prestations chômage pour les empêcher de chercher dignement un emploi (comme la réforme de l'assurance chômage menée par le gouvernement d'Emmanuel Macron qui va baisser les allocations de 850 000 chômeurs[15]) sont autant de façons de sortir des demandeurs d'emploi des chiffres du chômage. Pour quel avenir ? Cela n'intéresse pas nos politiques qui revendiqueront une belle statistique du chômage.

Voir* : Récit, Réformes structurelles

Climato-sceptique

Traditionnellement, il s'agit d'un individu ne reconnaissant pas les causes et les conséquences du réchauffement climatique, comme l'ancien ministre de l'Éducation nationale Claude Allègre ou l'ancien président des États-Unis Donald Trump. Ces dernières années ont cependant vu apparaître une nouvelle forme de climato-scepticisme qui consiste à être conscient de la source du problème – le mode de production et de consommation tel qu'il est –, à en identifier clairement les conséquences comme la fonte de la calotte glaciaire, les phénomènes météorologiques extrêmes ou les dizaines de millions de réfugiés climatiques chaque année, sans pour autant agir en conséquence. Dans les faits, rien ne change sauf les postures. D'un côté, Trump qui décide de retirer les États-Unis de l'accord de Paris ; de l'autre, les dirigeants des pays européens qui restent dans l'accord tout en ne le respectant pas.

Voir* : Accord de Paris, Banque pour le climat, Déni climatique

Crise des dettes souveraines (ou crise de la zone euro)

La crise de la zone euro* de 2011 à 2013 a été appelée crise des dettes souveraines car elle s'est traduite par un renchérissement du coût d'emprunt des États auprès des marchés financiers. Entre l'automne 2009 et le printemps 2010, la Grèce notamment a vu ses taux d'intérêt flamber.

Cette crise est paradoxale car la zone euro avait des déficits publics* et des dettes publiques* mieux contrôlés que le Japon, le Royaume-Uni ou les États-Unis. En 2007, le déficit public de l'ensemble des pays de la zone euro ne s'élevait qu'à 0,6 % du PIB* contre 3 % aux États-Unis ou au Japon. En conséquence, la zone euro aurait dû être moins frappée par la crise financière que d'autres régions dans le monde. Mais les spéculateurs ont perçu ses failles.

Premièrement, la zone souffrait de déséquilibres macroéconomiques importants. L'Allemagne, soucieuse de stimuler ses exportations, a développé une stratégie économique agressive et non coopérative en pratiquant la modération salariale. Ses excédents commerciaux se sont donc accumulés au détriment de ses partenaires. Deuxièmement, la rigidité monétaire a poussé de nombreux pays à reporter tous les ajustements sur le travail, ce qui a fait augmenter les inégalités. Troisièmement, la rigidité budgétaire cachait, notamment dans le sud du continent, un endettement privé inquiétant. Par exemple, avant la crise de 2007, la dette publique de l'Espagne représentait 40 % du PIB, mais son endettement privé atteignait 220 % du PIB ! L'endettement privé indiquait clairement une surchauffe de l'économie espagnole, notamment une bulle immobilière qui allait d'ailleurs exploser en plein vol.

Enfin, quatrièmement, le traité de Maastricht interdisait toute intervention de la Banque centrale européenne* pour se porter garante des dettes publiques des pays de la zone. Jusqu'en 2012, la BCE ne pouvait pas racheter des obligations d'État. En conséquence, les pays les plus fragiles de la zone euro, les PIIGS*, ont subi des attaques spéculatives.

Pour répondre à cette crise, les dirigeants européens ont mis en place un fonds de stabilisation afin d'annoncer aux marchés leur soutien aux pays menacés mais, en échange, ils ont imposé à ces derniers, notamment la Grèce, des cures d'austérité sans précédent. Le récit* des élites est que la Grèce est sauvée, celui des fait est que son économie a été détruite pour sauver l'euro.

Voir* : BCE, Destruction de l'économie grecque, PIIGS, Zone euro

Crise des subprimes

Une des plus grosses crises financières puis économiques de l'histoire. Elle a surpris tout le monde pour deux raisons : elle provenait de la première puissance mondiale et d'un excès de dette privée (alors qu'à l'époque toutes les institutions internationales s'attendaient à une crise provenant de la dette publique* dans un pays émergent). La crise des subprimes a également révélé les pratiques douteuses de la finance internationale.

Au début des années 2000, le président Bush souhaitait que les ménages pauvres deviennent propriétaires. Comme il n'était pas question d'augmenter les salaires, un crédit destiné aux ménages les plus modestes et présentant des garanties insuffisantes pour accéder à un prêt normal a été inventé : le subprime (qui signifie en dessous du premier choix). Plutôt que de revoir la répartition des richesses* pour que chacun puisse devenir propriétaire, les Américains ont préféré avoir recours à des mécanismes financiers pour doper le pouvoir d'achat des bas salaires. Or, n'importe quel esprit un peu sensé savait qu'octroyer un prêt à un ménage ayant deux à trois mois d'impayés par an sur ses anciens crédits ou une capacité déjà limitée à payer ses dépenses mensuelles nécessaires était une pure folie. C'étaient pourtant les critères exigés pour bénéficier d'un crédit subprime. Dans l'insouciance générale, ce crédit a eu un tel succès qu'il représentait 40 % des nouveaux crédits immobiliers en 2006.

Pourquoi ce crédit avait-il un tel succès auprès des banques alors que les ménages étaient, de manière quasiment sûre, dans l'incapacité de le rembourser ? Tout simplement parce que en cas de défaut de paiement, la banque saisit le bien immobilier et le revend. Et comme les États-Unis étaient dans une période de boom immobilier, le prix augmentait presque mécaniquement entre le moment de l'achat et celui de la saisie. La banque faisait donc une plus-value immobilière en cas de défaut du créancier. En fait, les crédits subprimes étaient un tour de passe-passe pour permettre à une banque de faire un investissement immobilier tout en faisant croire à une personne pauvre et endettée, pendant un court moment, qu'elle pouvait acquérir un logement.

Tant que les prix de l'immobilier augmentaient, ce petit jeu fonctionnait. Mais ils ont commencé à baisser. Les banques se sont mises à perdre de l'argent quand elles revendaient les biens immobiliers. Pendant un certain temps, les banques ont transformé ces crédits pourris en titres pouvant faire l'objet de transactions – la fameuse titrisation – puis ont dissimulé tout cela dans des marchés fantômes appelés shadow banking – un système bancaire parallèle opaque et moins régulé. Jusqu'au moment où cela ne tenait plus. L'excès de dette privée* accompagné des dérives financières mises en place pour le cacher ont créé la crise américaine de 2007. Crise qui s'est propagée à l'ensemble du monde.

D'ailleurs, pour éviter que les banques, qui avaient acheté massivement des produits dérivés issus de ces crédits pourris, fassent faillite les unes après les autres, c'est l'État qui est intervenu (autrement dit le contribuable). Les banques ont renfloué leurs comptes grâce à de l'argent public et recommencé à spéculer sur les marchés financiers, tandis que la mondialisation a permis aux dirigeants d'entreprise de fermer des sites dans les endroits où la crise avait le plus affecté leurs usines. La crise a également été une raison invoquée pour compresser encore plus les salaires et augmenter les cadences des salariés. Et, au cœur de cette récession, les gouvernements de la zone euro* n'ont rien trouvé de mieux que de procéder à des coupes budgétaires. Cette crise du modèle capitaliste libéral aurait dû entraîner un nouveau mode de régulation de l'économie, un meilleur encadrement des pratiques des banques et une volonté de réduire les inégalités sociales. Or elle n'a fait qu'accroître la logique qui l'avait provoquée. Loin d'être une crise du néolibéralisme, elle a été une crise dans le néolibéralisme. Le cadre a persisté et s'est même renforcé.

Voir* : Austérité budgétaire, Crise des dettes souveraines (ou crise de la zone euro), NINJA, Répartition des richesses

D

Déficit commercial
Déficit public
Déni climatique
Dépense publique
Désindustrialisation
Destruction de l'économie grecque
Dette privée
Dette publique
Diesel
Discrimination positive
DSRP (Document stratégique de réduction de la pauvreté)

Déficit commercial

Déséquilibre entre les importations et les exportations. Le déficit commercial français suscite beaucoup d'inquiétude puisque son montant atteint 85 milliards d'euros pour l'année 2021 et que la France n'est pas sortie d'une situation déficitaire depuis 2005. Ce déficit chronique est devenu pour certains un mal absolu, symbole de la mauvaise santé de l'économie française. Pourtant le déficit ou l'excédent commercial n'indiquent en rien si une économie est en bonne ou en mauvaise santé. Par exemple, un pays pauvre mono-exportateur de pétrole peut afficher un excédent commercial parce que les pays riches ont besoin de son pétrole tandis que son économie faiblement dynamique réalisera peu d'importations. À l'inverse, il est possible qu'un pays ayant une croissance plus rapide que ses voisins se retrouve en déficit commercial parce qu'il importe plus que ses voisins n'achètent ses exportations. C'est d'ailleurs le cas de pays riches comme les États-Unis qui ont un déficit commercial depuis plus de vingt ans. Le déficit commercial n'est donc pas une fin en soi et doit être interprété à la lumière d'autres problématiques comme celles liées à la désindustrialisation*, la dépendance à certains biens stratégiques ou encore le contexte international.

Par exemple, en France, nos exportations dépendent de nos spécialisations, autrement dit les points forts de notre appareil productif, comme l'automobile, le luxe, la pharmacie ou encore l'armement. Mais elles relèvent aussi de la demande extérieure, c'est-à-dire de la santé des économies qui achètent nos produits. Ainsi, lors de la crise du Covid-19, l'économie espagnole a été particulièrement touchée et la reprise a été plus difficile que chez nous. Or, comme une partie de notre production automobile se dirige vers l'Espagne, les exportations se sont tassées. De l'autre côté, le coût des importations a augmenté, notamment en raison du renchérissement de la facture énergétique, mais pas seulement. La cause est probablement à aller chercher dans la désindustrialisation qui fait qu'aujourd'hui notre base industrielle n'est plus capable de produire suffisamment de biens dont nous avons besoin, et a fortiori de les exporter.

La question du déficit commercial doit en définitive s'envisager sous deux angles : l'un interne, l'autre externe. D'un point de vue interne, il s'agit d'examiner le dynamisme d'une économie et sa capacité à produire des biens pour sa population et pour ses partenaires étrangers. D'un point de vue externe, il s'agit d'examiner la dépendance de cette économie vis-à-vis de l'étranger mais aussi la croissance économique de ses voisins. L'excédent commercial n'est pas à rechercher à tout prix, et un déficit commercial n'est pas un mal en soi. Les questions annexes sont plus pertinentes, comme « D'où vient ce déficit ou excédent ? » ou encore « Quelle est l'importance des biens importés ? » (comme lorsqu'une population subit la dépendance de son pays dans le domaine des médicaments ou celui de l'énergie).

Voir* : Déficit public, Désindustrialisation, Libre-échange

Déficit public

Différence entre les recettes et les dépenses de l'État, il est perçu comme un indicateur de mauvaise santé de l'économie française parce qu'il serait le fruit d'une « mauvaise gestion des finances publiques ». Mauvaise gestion qui durerait donc depuis près de cinquante ans puisque le dernier excédent budgétaire daterait de 1974. Le but de toute politique économique devrait donc être d'atteindre l'équilibre budgétaire.

Mais l'équilibre budgétaire est-il la norme dans les autres pays riches ? Sur les cinquante dernières années, les États-Unis ont connu trois budgets à l'équilibre, le Royaume-Uni quare et l'Italie zéro. Il faut également rappeler que les États-Unis, au début des années 2000, avaient des excédents budgétaires importants, de l'ordre de 2 % du PIB*, et qu'Alan Greenspan, le président de la Federal Reserve, et Bush ont fait en sorte de revenir à des déficits budgétaires notamment en baissant les impôts des plus riches. Pourquoi ? Parce que avec des excédents budgétaires importants, ils ont eu peur que la dette publique* américaine ne soit trop rapidement remboursée. Car sans dette, il n'y aurait plus de bons du Trésor à acheter et sans bons du Trésor à acheter ou à vendre, la conduite de la politique monétaire, visant à relever ou à baisser les taux d'intérêt, devenait plus difficile.

La volonté de réduire trop rapidement les déficits a même entraîné parfois des conséquences économiques graves. Par exemple, dans la zone euro*, à partir de 2011, les dirigeants européens ont voulu réduire trop rapidement les déficits, ce qui a entraîné une contraction de l'activité économique et aggravé le chômage. Au même moment, les États-Unis faisaient exactement l'inverse en creusant leurs déficits pour soutenir la croissance économique. Les États-Unis ont retrouvé leur niveau de PIB d'avant crise en quatre ans. Il faudra attendre 2016 pour que la zone euro retrouve le sien. Il est donc nécessaire de bien comprendre que le déficit n'est pas un mal en soi, c'est une composante de la politique économique. Accepter un déficit n'est pas un problème, surtout avec une économie qui compte 5 millions de chômeurs. Tant qu'une économie n'a pas retrouvé le plein emploi, la recherche de l'équilibre budgétaire est contre-productive.

Par ailleurs, au lieu de vouloir réduire la dépense publique* à toute force, il serait préférable de songer à agir sur les recettes, notamment en mettant fin aux cadeaux fiscaux pour les plus aisés (ISF*, flat tax, etc.).

Enfin, le déficit public en pourcentage de PIB se réduit quand l'activité économique repart. Plutôt que de faire de la réduction des déficits l'alpha et l'oméga de notre politique, réfléchissons à trouver des secteurs porteurs et utiles, il en existe beaucoup, notamment dans la transition écologique.

Voir* : Crise des dettes souveraines (ou crise de la zone euro), Dépense publique, Dette publique, ISF

Déni climatique

Posture hypocrite consistant à reconnaître l'existence du dérèglement climatique sans prendre les mesures nécessaires pour lutter contre. Cette posture se manifeste par exemple dans le choix de certaines banques de financer des projets d'exploration d'énergies fossiles* (alors que la contrainte climatique nous impose de laisser la majorité des réserves d'énergies fossiles sous terre[16]) ; dans celui des compagnies pétrolières d'investir dans les énergies polluantes ; dans la politique énergétique de certains pays visant à développer l'exploitation de pétrole et de gaz dits « non conventionnels » ; dans les centaines de traités de libre-échange*, actifs ou en cours de signature, qui font la promotion des échanges de biens à travers le monde ; ou encore dans le choix d'indicateurs de mesure comme le PIB* ou la croissance économique qui ne tiennent pas compte des pollutions, des destructions de ressources naturelles et du dérèglement climatique.

En réalité, le déni ou l'hypocrisie climatique est l'écart de plus en plus important entre les connaissances scientifiques et les preuves du réchauffement climatique d'un côté et les actions engagées pour y remédier de l'autre. Derrière ce déni se cachent évidemment des intérêts financiers énormes, mais ce qui est incompréhensible, c'est que même la minorité de gens qui, au nom de la préservation de ces profits, n'a pas intérêt au changement, va être impactée par le dérèglement climatique (et si ces personnes sont vieilles, leurs enfants ont de fortes chances – si nous ne changeons pas la trajectoire des émissions de CO_2 d'ici à trois ans – de vivre la fin du monde). Le déni climatique est donc une posture égoïste concernant majoritairement ceux qui ont intérêt à ce que nos modes de production et de consommation ne changent pas – soit ceux qui ont accumulé des fortunes grâce à eux – et les lobbies politiques qu'ils financent.

Voir* : Climato-sceptique, Énergies fossiles, Libre-échange, PIB

Dépense publique

Terme souvent utilisé de manière péjorative dans les débats télévisés pour expliquer que la France est un pays où le secteur public est trop important. Il est souvent associé aux phrases suivantes : « Nous avons la dépense publique la plus élevée au monde » ou : « Il faut baisser la dépense publique. » Pourtant, ceux qui répètent en boucle ce discours n'ont pas d'autres arguments que celui de la comparaison avec d'autres pays ou l'affirmation péremptoire de la nécessité de réduire le déficit ou la dette publique*. Bien souvent, ils sont d'ailleurs incapables de dire ce que recouvre cette dépense publique, mais cela ne les empêche pas de soutenir qu'il faudrait la diminuer. Pourquoi ? Parce que les autres pays l'ont fait et parce que notre dette publique nous obligerait à le faire (même si des pays dont les dépenses publiques sont bien plus faibles ont une dette publique bien plus élevée).

Pour y voir plus clair, il est important de commencer par expliquer que lorsque l'on dit « la dépense publique s'élève à 59 % du PIB* en France », cela ne veut pas dire que c'est une part du PIB qui est prélevée et qu'il resterait 41 % au secteur privé. C'est juste une valeur rapportée à une mesure que tout le monde connaît, le PIB. Répétée sans explication, cette phrase donne l'impression que le public capte 59 % des richesses produites, ce qui est parfaitement faux.

Elle sous-entend également que le secteur public serait majoritaire en France par rapport au secteur privé (ce qui empêcherait les forces vives du privé de se déployer pour sauver le pays), ce qui est encore complètement inexact. L'économiste Christophe Ramaux montre qu'en lui appliquant la même méthode de calcul que pour la dépense publique la dépense privée des ménages et des entreprises s'élèverait quant à elle à plus de 200 % du PIB ! C'est-à-dire que si l'on s'amuse à calculer la dépense privée comme on calcule la dépense publique en additionnant les dépenses privées (salaires versés par le privé, consommations intermédiaires, revenus de la propriété, etc.) et que l'on rapporte cette valeur en pourcentage de PIB, on arrive à un montant qui dépasse les 4200 milliards d'euros soit 200 % du PIB. Le secteur privé reste donc largement majoritaire, contrairement à ce qui nous est suggéré dans les nombreux débats sur cette question.

En fait, la dépense publique se divise en deux : les dépenses de fonctionnement des administrations (un peu moins de la moitié) et les transferts et prestations (un peu plus de la moitié, 58 % de la dépense publique). Concernant la partie « dépenses de fonctionnement des administrations » c'est-à-dire la rémunération des fonctionnaires et les frais de fonctionnement des administrations (dépenses qui font dire aux « experts » qu'on est obligé de supprimer des postes de fonctionnaires), elles sont stables depuis 1978 à 18 % du PIB (13 % pour la rémunération des fonctionnaires et 5 % pour les consommations intermédiaires). Un niveau en dessous de la Finlande (26 %) et même du Royaume-Uni (20 %) !

Ce qui explique la hausse de la dépense publique, ce n'est donc pas le nombre de fonctionnaires mais les prestations et les transferts versés aux ménages qui ont augmenté de 22 % du PIB en 1978 à 33 % aujourd'hui. Alors j'entends déjà nos « experts » nous dire que nous vivons dans un pays d'assistés qui finance les chômeurs et les pauvres plutôt que le secteur privé (donc, comme dirait le MEDEF, l'emploi, l'innovation, etc.). D'abord il faut rappeler que parmi « les prestations et transferts » de la dépense publique figurent les aides aux entreprises comme à l'époque le fameux CICE (crédit d'impôt pour la compétitivité et l'emploi) ou le CIR (crédit d'impôt recherche). Ensuite il faut aussi se poser une question essentielle : où finissent ces prestations versées aux chômeurs, aux malades ou aux pauvres ? Dans un compte en Suisse ? Dans l'achat de produits dérivés en Bourse ? Ou tout simplement dépensées dans l'économie et donc profitant directement aux entreprises ? Bah oui, l'argent dépensé profite aux entreprises. C'est l'effet multiplicateur* de la dépense publique qui distribue des revenus permettant aux individus de subvenir à leurs besoins tout en profitant en dernier lieu au secteur privé.

Alors pourquoi les libéraux s'opposent-ils si souvent à la dépense publique ? Premièrement, parce que le montant de la dépense publique est financé par les impôts (et à titre individuel, chacun préférerait payer moins d'impôts même si, au final, ces mêmes personnes n'en mesurent pas vraiment les conséquences individuelles et globales). Deuxièmement, parce que la dépense publique détermine ce que nous avons voulu confier au secteur public. Et parfois, nous parlons de dizaines de milliards d'euros qui échappent aux grandes firmes, ce qui, pour elles, est inacceptable. Comment de grandes firmes pourraient-elles renoncer à un marché aussi juteux que celui des retraites ? Un marché de 300 milliards d'euros en France…

Alors il faut affaiblir le secteur public (ce que nous avons fait ces dernières années en lui appliquant des règles idiotes et des techniques de management – encore plus idiotes – inspirées du secteur privé) pour enfin pouvoir le privatiser (souvent à moindre coût). Derrière la dépense publique se cache l'enjeu de la marchandisation de la société, où tout devient un business. Gardons toujours en tête le scandale des maisons de retraite du groupe ORPEA, entreprise qui prônait des économies drastiques, dégradant la qualité de vie de ses locataires, des personnes en fin de vie, afin de dégager une rentabilité maximale profitant aux actionnaires*, comme exemple des dérives possibles du secteur privé.

Voir* : Actionnaires, Déficit public, Dette publique, Multiplicateur

Désindustrialisation

C'est le problème du moment, l'inquiétude de notre temps. Après les centaines de tribunes d'économistes et d'experts dans les années 1990-2000 nous disant qu'il fallait abandonner les industries (et par là même sacrifier les ouvriers, leurs familles, les emplois indirects et in fine les territoires où étaient implantées les usines) pour se concentrer sur les services et l'innovation ; après les rêves de grands capitaines d'industrie comme Serge Tchuruk, P-DG d'Alcatel, qui voulait « une entreprise sans usine » et qui a fermé ou cédé la plupart des sites de production d'Alcatel alors numéro 1 mondial de la fibre optique et principal équipementier dans la téléphonie, la France a découvert, notamment au moment du Covid-19, que sa base industrielle était devenue défaillante. Elle était incapable de fabriquer des masques, des respirateurs, des semi-conducteurs et même certains médicaments.

Et pour cause, le poids de l'industrie dans le PIB* s'est considérablement réduit en trente ans et le nombre d'emplois industriels a fortement diminué. Entre 1980 et 2019, la part de l'emploi dans l'industrie a chuté de 22 % à 10,5 % et, depuis 2008, 936 usines de plus de 50 salariés ont fermé (soit en moyenne 5 usines par mois, dans l'indifférence quasi générale[17]). Dans la grande majorité des cas, les emplois n'ont pas disparu, ils ont été délocalisés, la plupart du temps en Europe, dans des pays où le coût du travail est plus faible (du fait de protections sociales plus faibles aussi…). Avec la désindustrialisation, notre pays perd des savoir-faire et se place en situation de dépendance dans des domaines stratégiques, comme les médicaments.

Aujourd'hui, après plus de trois décennies de déshérence, d'invocation de théories réduites à l'état de slogans, comme la destruction créatrice, pour légitimer les licenciements ; trois décennies à rêver que les pays riches se concentreraient uniquement sur la recherche ou le marketing et iraient faire produire le reste dans des régions du monde aux faibles normes sociales et environnementales (tout en récupérant le plus de valeur dans le processus de production), la réindustrialisation s'impose dans le débat public. Tout le monde est désormais d'accord pour réindustrialiser la France mais, pour le moment, il ne semble se dégager aucune réponse concrète sur le plan à adopter, les moyens pour le financer et les règles à mettre en place pour empêcher la concurrence déloyale en Europe et ailleurs. Tout se concentre sur les réductions d'impôts (baisse des impôts de production) et les dispositifs fiscaux (taxe carbone à l'entrée des biens en Europe, alors qu'une grosse partie des délocalisations a lieu en Europe). Le chantier de la réindustrialisation en France est vaste, et les solutions proposées relèvent, pour le moment, de la posture plus que d'une véritable stratégie.

Voir* : État stratège, Finance, Innovation, Zone euro

Destruction de l'économie grecque

Pour les libéraux, c'est un mal nécessaire puisque l'économie grecque n'était pas suffisamment solide pour entrer dans la zone euro* et que, le sachant, le gouvernement grec avait truqué ses chiffres avec l'aide de la banque Goldman Sachs. La réalité est tout autre. À partir de 2009, les spéculateurs ont perçu les failles de l'organisation de la zone euro et commencé à spéculer sur les dettes des pays européens, notamment les plus fragiles au Sud. En effet, contrairement aux autres pays développés, les gouvernements des pays de la zone euro ne peuvent être financés par une banque centrale nationale. Les dirigeants européens, dans un premier temps, n'ont pas voulu réagir pour ne pas donner l'impression aux pays les plus fragiles qu'ils auraient droit à un soutien sans limites. Néanmoins, le risque devenant trop fort pour la pérennité de la zone euro, la BCE* et les pays membres ont créé en 2010 un fonds de stabilisation pour indiquer aux marchés financiers qu'ils soutiendraient les pays menacés. En échange, les bénéficiaires de ces fonds ont dû appliquer des programmes d'ajustement structurel dont la Grèce a été le laboratoire en Europe. Rappelons que la majorité des prêts accordés à la Grèce ne sont pas venus soutenir l'économie du pays mais rembourser les banques en priorité. Dans le cas grec, contrairement à ce que l'on affirme, la crise était liée à la dette privée*, qui a fortement augmenté depuis l'entrée de ce pays dans l'euro.

Le FMI* affiche clairement la couleur en dictant la politique grecque : hausse de la TVA, baisse des pensions de retraite, arrêt de l'aide aux plus petites pensions et vastes programmes de privatisations*. Par contre, refus des hausses d'impôts sur les plus riches et les entreprises alors que le gouvernement grec était prêt à les mettre en place. Les résultats de cette politique d'austérité ont été catastrophiques, autant du point de vue économique qu'humain. Entre 2008 et 2014, la Grèce a perdu ¼ de son PIB*, le chômage y a augmenté de 190,5 %, la dette de 36,5 % et le revenu par ménage a diminué de 30 % ; la mortalité infantile y a augmenté de 42,8 %, les suicides de 44 % et les dépressions de 272,7 %[18]. Jamais en temps de paix, sur le continent européen, un pays n'avait connu pareille contraction de l'activité.

La victoire en 2015 du parti grec Syriza, dirigé par Alexis Tsípras, voulant offrir une alternative aux orientations libérales européennes, et la victoire du non au référendum concernant la poursuite des plans d'ajustements montraient que les Grecs ne pouvaient plus supporter cette politique. Plutôt que de respecter le vote démocratique, les dirigeants européens ont répondu par le mépris et la violence à l'égard du nouvel exécutif grec. Jean-Claude Juncker, président de la Commission européenne, affirmant en 2015 qu'« il ne peut y avoir de choix démocratiques contre les traités européens ». Il est alors signifié à Alexis Tsípras que le vote démocratique est respecté mais que le mémorandum, avec son lot de privatisations, de mesures d'austérité et d'assainissement budgétaire, ne peut être modifié. L'Eurogroupe adressera un ultimatum aux Grecs avec l'appui d'une BCE pourtant supposée neutre. Laquelle BCE a organisé l'asphyxie de l'économie grecque, véritable coup d'État, en réduisant l'accès aux liquidités bancaires dont elle avait besoin.

Le message des institutions européennes était clair : les Grecs ont le droit de changer de gouvernement mais pas de politique économique. La destruction de l'économie grecque et du peuple grec a été voulue et assumée.

Voir* : Austérité budgétaire, BCE, Crise des dettes souveraines (ou crise de la zone euro), Zone euro

Dette privée

La dette privée est la dette de l'ensemble des agents économiques privés (ménages, entreprises, agriculteurs, etc.). Elle est bien plus élevée que la dette publique (avant la crise du Covid-19 en 2019, elle représentait 133 % du PIB* contre 97 % pour la dette publique*) et une perte de contrôle peut avoir un impact désastreux sur l'économie d'un pays. Pourtant, elle ne semble pas faire l'objet d'une inquiétude particulière chez les experts des médias ou des think tanks. Peut-être pensent-ils que le privé se régule de lui-même comme par magie (ou grâce à une main invisible*).

L'histoire récente nous montre pourtant l'inverse. Par exemple, la crise des subprimes* aux États-Unis en 2007 provient d'un excès de dette privée. Les ménages s'étaient trop endettés (surtout que le subprime était un crédit destiné à ceux qui avaient déjà des problèmes de remboursement) et ne pouvaient plus rembourser leurs prêts, ce qui a fragilisé le système bancaire jusqu'à entraîner la chute de Lehman Brothers. À l'époque, rares sont les économistes qui voyaient un problème au développement de ces prêts offerts à des individus dans l'incapacité de rembourser. Même le FMI* – très enclin à surveiller les dettes publiques des pays pauvres – n'a rien vu venir. C'est pourtant cet excès de dette privée accompagné des dérives financières mises en place pour le cacher qui ont créé la crise de 2007. Le comble étant que cette dette privée s'est finalement transformée en dette publique par suite du renflouement des banques par les États. En France, la dette publique qui était autour de 65 % et quasiment stable entre 2003 et 2007 (ce qui correspondait quasiment au niveau des critères de Maastricht* de 60 % du PIB) a atteint 83 % en 2009.

À cela, il faut ajouter l'effet dépressif de la crise sur l'économie qui, avec la perte d'activité, a vu les rentrées budgétaires diminuer d'un côté et, avec la hausse du chômage, les prestations sociales augmenter de l'autre. Le désastre engendré par cet excès de dette privée a été effacé grâce à de l'argent public. L'État devient un assureur en dernier ressort et se fait désormais le garant du secteur privé. Cela n'a pas empêché les agences de notation, les banquiers et les commentateurs de reprocher aux États, quelques années après, l'augmentation de leurs dettes publiques.

Voir* : Crise des dettes souveraines (ou crise de la zone euro), Crise des subprimes, Dette publique, Main invisible

Dette publique

La dette publique est la dette de l'État. Dans le débat public, elle est souvent utilisée comme un épouvantail pour justifier les économies sur le service public, la baisse des prestations sociales (prestations chômage, pensions de retraites, APL, aides sociales*) et la privatisation des entreprises publiques. Bizarrement, elle n'est jamais un problème quand il s'agit de baisser les impôts pour les plus riches et les entreprises. Ainsi, lors de la première année du quinquennat d'Emmanuel Macron, il a été possible de justifier une économie de 5 euros sur les APL à cause de la dette publique tout en offrant une baisse de 20 milliards d'impôts aux entreprises (baisse de l'IS) et aux ménages les plus riches (réforme de l'ISF* et de la flat tax).

Alors quels sont les termes du débat concernant la dette publique en France ? La France a plus de 2 800 milliards d'euros de dette soit 112 % du PIB* en 2021. Cette situation, nous dit-on, serait catastrophique. Pourquoi ? Car nous vivons au-dessus de nos moyens et que, si nous ne faisons rien, les marchés financiers vont nous punir en augmentant les taux d'intérêt, ce qui va renchérir le coût de l'emprunt. Et quand bien même les marchés ne nous sanctionneraient pas (ce qu'ils n'ont pas fait depuis dix ans, contrairement aux prédictions de certains), cette fuite en avant n'est pas acceptable car ce sont les générations futures qui devront rembourser cette fameuse dette. Étrangement d'ailleurs, les générations futures prennent beaucoup d'importance quand il s'agit de la dette mais la perdent subitement quand on aborde le sujet du réchauffement climatique. La dette serait donc un fléau propre à la France, ce pays qui refuse de réformer/casser son modèle social* et de faire les efforts nécessaires comme l'ont fait l'Allemagne, les États-Unis ou le Royaume-Uni (des pays rigoureux et/ou dynamiques, contrairement à nous).

Sortons de l'idéologie pour revenir aux faits. La première chose qu'il est important de rappeler est que la dette publique a augmenté dans la plupart des pays riches (sauf l'Allemagne, mais le monde ne se résume pas à l'Allemagne) et souvent beaucoup plus vite que chez nous. Par exemple, entre 2007 et 2016, la dette publique a augmenté au Royaume-Uni et aux États-Unis respectivement de 45 et de 44 points contre 34 points en France. La dette publique a donc augmenté plus vite dans des pays dits « libéraux » et dont la dépense publique est plus faible qu'en France.

Deuxièmement, concernant l'argument de « la dette que nous allons laisser à nos enfants », il faut bien avoir en tête que nous ne laissons pas qu'une dette mais également un patrimoine. C'est la base de la comptabilité : quand il y a un passif, il y a aussi un actif. Or, avant la crise du Covid-19, le patrimoine des administrations publiques (immobilier et participations dans des entreprises) était encore supérieur à la dette publique. Les générations futures héritent – du moins pour le moment – d'un patrimoine net (estimé à 303 milliards en 2018), pas d'une dette. Il ne s'agit pas de dire que nous allons vendre la tour Eiffel pour rembourser notre dette mais il s'agit de comprendre le rôle que joue un patrimoine public dans la capacité de financement de notre dette. L'économiste Akira Yakita montre comment l'accumulation de capital public permet de rendre les déficits et les dettes soutenables[19]. Plus vous avez du patrimoine, plus vous pouvez vous refinancer facilement, c'est normal. Le vrai danger vient donc des libéraux qui bradent sans cesse les actifs publics (via des privatisations*, on se souvient de la polémique sur la privatisation d'Aéroports de Paris) et mettent, in fine, nos capacités de financement en danger.

Troisièmement, il faut arrêter de dire que la maîtrise de la dette publique se fera par une maîtrise de la dépense publique. La baisse la plus brutale de la dépense publique a été effectuée en Grèce. Entre 2009 et 2013, elle a baissé de 20 % (c'est ce que recommandent certains think tanks libéraux pour la France). Quel a été l'effet sur la dette publique ? Une hausse. Pourquoi ? Parce que les coupes sur la dépense publique ont engendré une baisse encore plus importante du PIB (de l'ordre de 25 % sur la même période). De ce fait, la dépense et la dette publique libellées en pourcentage de PIB ont augmenté.

Par ailleurs, on peut constater que beaucoup de pays ont des dettes publiques élevées et des dépenses publiques plus faibles que la France. Avant la pandémie, en 2016, les États-Unis avaient une dette à 108,5 % du PIB pour une dépense publique à 38 % ; le Japon à 250 % pour une dépense publique à 41 % ; l'Espagne à 101 % pour une dépense publique à 42 % et la France une dette à 98 % pour une dépense publique à 56 %. La dépense publique n'a donc aucun lien avec le montant de la dette et vouloir diminuer le niveau de la dette par la coupe de la dépense publique est contre-productif comme le montre l'exemple de la Grèce.

Enfin, on parle beaucoup de la dette publique sans jamais aborder la dette privée* (celle appartenant à l'ensemble des agents privés), cette dernière est pourtant plus importante que la dette publique (133 % contre 97 % en 2019) et a provoqué une des crises financières les plus importantes de l'histoire en 2008 (la crise venait de l'endettement privé des ménages américains).

En conclusion, je dirai que la question de la soutenabilité de la dette publique est un sujet sérieux tout autant que celui de la dette privée mais qu'il est trop souvent utilisé à des fins politiques visant à promouvoir des mesures d'austérité budgétaire*. Le remboursement de la dette publique devient prioritaire quand il s'agit de supprimer des postes de fonctionnaires ou d'investir dans l'hôpital et la transition énergétique (« Il n'y a pas d'argent magique* » disait Emmanuel Macron) mais ce problème disparaît soudainement quand il s'agit de se priver de rentrées fiscales en offrant des baisses d'impôts aux entreprises et aux plus riches.

Voir* : Austérité budgétaire, Dépense publique, Dette privée, ISF

Diesel

Carburant bénéficiant d'un avantage fiscal en France malgré son caractère cancérogène. Il est, à mon sens, un des symboles de la puissance des lobbies et de l'impact négatif qu'ils ont sur l'intérêt général.

La France est l'un des pays les plus « dieselisé » au monde. L'histoire du diesel en France débute avec un choix de politique industrielle. Au cours des années 1960, le général de Gaulle accélère le programme du nucléaire civil dans le but de rendre le pays moins dépendant des importations d'énergies fossiles*. Le développement des centrales nucléaires (dont les réacteurs doivent fonctionner au moins 5 000 heures par an pour être rentables) s'accompagne de celui du chauffage électrique. Mais comme les énergies sont concurrentes entre elles, le chauffage électrique désavantage le fioul, entraînant bientôt une perte de débouchés pour les raffineries. Le gouvernement décide alors de baisser la taxe sur le gazole tout en incitant les constructeurs automobiles à faire de la motorisation diesel une spécialité. Dès lors, toutes les conditions sont réunies pour stimuler l'achat de voitures à moteur Diesel : une production orientée vers ce type de véhicules et un carburant moins cher. En conséquence, la proportion d'achats de voitures à moteur Diesel n'a fait qu'augmenter, passant de 33 % en 1990 à 50 % en 2000 pour atteindre le record de 77 % en 2008 ! Aujourd'hui, le diesel représente 80 % des ventes de carburant.

Le problème est que les particules générées par ce mode de combustion sont dangereuses pour la santé. Déjà, en 1988, le Centre international de recherche sur le cancer (CIRC) jugeait leur gaz d'échappement comme « cancérogènes probables ». D'ailleurs, plusieurs villes dans le monde, comme Tokyo en 2003, après des années de débats et de recherches, ont interdit ou limité la circulation des voitures Diesel. En 2012, l'Organisation mondiale de la santé (OMS) enfonce le clou et classe les émissions comme « cancérogènes certains » pour l'homme. Pourtant, l'avantage fiscal du diesel est toujours en vigueur alors même qu'un rapport de la Clean Air for Europe (CAFE) estime qu'il est à l'origine de 42 000 décès prématurés en France. Pourquoi l'État continue à avantager un produit plus nocif pour la santé ? Parce qu'il ne faut pas toucher au pouvoir d'achat des consommateurs que l'on a incités à acheter du diesel. Alors pourquoi ne pas obliger les constructeurs à changer leur mode de production ? Parce que les « nouveaux moteurs Diesel » sont propres, rétorquent-ils. On pouvait les croire jusqu'aux révélations du scandale de Volkswagen qui équipait ses voitures de « logiciels tricheurs » pour fausser les tests de pollution. En effet, le premier constructeur automobile mondial a fraudé à grande échelle en équipant 11 millions de ses voitures Diesel d'un logiciel faussant le résultat des tests anti-pollution et dissimulant des émissions dépassant jusqu'à 40 fois les normes autorisées[20].

Voir* : Carburants (prix des), Énergie nucléaire, Énergies fossiles

Discrimination positive

Action visant à réduire les inégalités subies par certains groupes en leur accordant un avantage. La discrimination positive a été mise en place aux États-

Unis en instaurant des quotas pour permettre à des populations discriminées d'accéder à des emplois ou encore à des places dans les universités. On la retrouve en France dans les dispositifs de sélection de l'Institut d'études politiques (IEP Paris) qui visent à faire suivre une autre procédure d'admission aux étudiants issus de lycées moins favorisés. Si la discrimination positive a sûrement permis à ceux qui en ont profité de s'élever socialement, elle n'a malheureusement rien changé pour la majorité des élèves des lycées des quartiers populaires. Ce n'est d'ailleurs pas son but, lequel consiste seulement à intégrer, à dose homéopathique, certains élèves de lycées situés dans des quartiers pauvres au sein des grandes écoles, où les élèves sont en revanche majoritairement issus de familles aisées.

La discrimination positive est donc un mécanisme peu efficace pour réduire les inégalités ou permettre la mixité sociale. Elle facilite l'ascenseur social des lycéens les plus doués vivant dans des quartiers populaires (ce qui est une bonne chose) mais son efficacité s'arrête là. La question de la lutte contre les inégalités à l'école et pour la mixité sociale mérite un traitement beaucoup plus important que la faible correction apportée par la discrimination positive. D'après Pierre Bourdieu, l'école est un élément central dans la reproduction des inégalités sociales, qu'elle ne fait en somme que légitimer en mettant en scène une prétendue méritocratie. Les faits lui donnent raison. Il n'y a quasiment pas d'enfants d'ouvriers et d'employés dans les grandes écoles et la scolarité, dès le plus jeune âge, est compartimentée par classes sociales (du choix des premières langues aux filières). Thomas Piketty, quant à lui, montre, en prenant l'exemple de Paris, le niveau élevé de ségrégation sociale au sein du système scolaire. Selon lui, les collèges les plus huppés n'accueillent quasiment aucun élève issu des classes défavorisées (moins d'1 %), quand d'autres collèges en comptent plus de 60 %[21]. On comprend bien, quand les inégalités sont si flagrantes, qu'il faut s'attaquer au cœur du problème plutôt que de proposer des mesures qui les corrigent à la marge.

Voir* : Égalité des chances

DSRP (Document stratégique de réduction de la pauvreté)

Symbole d'un changement idéologique majeur dans les relations entre le FMI* et les pays en développement*, le DSRP est censé marquer la fin des plans d'ajustements structurels imposés aux pays par le FMI. Dès lors, les pays à bas revenu désireux de bénéficier d'une aide financière ou d'un allègement de leur dette ne se voient plus infliger une série de réformes structurelles* mais doivent préparer eux-mêmes un Document stratégique de réduction de la pauvreté (DSRP). Cette réorientation a été lancée conjointement par la Banque mondiale et le FMI en 1999 suite aux critiques de plus en plus virulentes émanant de la société civile dans les pays riches comme dans les pauvres, ainsi que de certains experts comme J. E. Stiglitz. Désormais, on ne parle plus de réformes mais de lutte contre la pauvreté. Le directeur du bureau européen du FMI, Flemming Larsen, déclarait même à l'époque que « les autorités et la société civile des pays concernés sont appelées à assumer une plus grande responsabilité dans l'élaboration des réformes. Ainsi, la lutte contre la pauvreté sera prise en charge par les intéressés[22] ».

Cependant, dans les faits, même si les pays écrivent eux-mêmes leur DSRP, ils n'ont qu'une faible marge de manœuvre car ces derniers doivent être validés par le FMI et la Banque mondiale. D'ailleurs la Banque mondiale distribue aux pays un document de référence (appelé sourcebook) qui est une sorte de guide pratique expliquant comment il faut écrire « un bon DSRP » (c'est-à-dire dans la ligne idéologique du FMI). Dans ces conditions, il est difficile pour les pays concernés de faire preuve de beaucoup d'originalité dans le choix des politiques à mettre en place. Surtout lorsque l'allègement de leur dette est une urgence vitale, et qu'ils ne peuvent donc courir le risque de voir rejeté leur projet de DSRP. Au final, les DSRP n'ont pas tenu leurs promesses. Les politiques appliquées dans les pays en développement ne sont pas si différentes de celles imposées jadis par le FMI et n'ont pas permis de réduire la pauvreté (qui a augmenté en Afrique).

Voir* : FMI, Pays en développement, Réformes structurelles

E

Économie (science)
Économiste
Égalité des chances
Énergie nucléaire
Énergies fossiles
Énergies renouvelables
Entrepreneur
État stratège
Europe sociale
Évasion fiscale

Économie (science)

L'économie analyse la manière dont les hommes décident d'affecter des ressources pour produire des biens et des services, et ensuite de les répartir à des fins de consommation entre les différents individus qui composent la société. Un aspect concerne donc la production, dont le but est de produire suffisamment en fonction de la population (angoisse d'économistes* comme Malthus qui pensaient que la population augmentait trop vite par rapport à la production, ce qui allait inévitablement provoquer des pénuries), et un autre aspect concerne la répartition des richesses* ainsi produites en fonction des individus.

C'est à partir de là que différents courants de pensée (classique, marxiste, keynésien et leurs dérivés) sont apparus sur la manière de produire et de repartir cette production. Ces différents courants n'ont cessé de s'affronter tout au long de l'histoire. En fonction des périodes, certains en ont dominé d'autres. Aujourd'hui, les économistes* néoclassiques représentent le courant de pensée dominant. Avec leur corpus théorique, ils ont imposé leur vision des causes du chômage, de l'efficacité du marché et du rôle limité des interventions de l'État.

La victoire d'un courant de pensée sur un autre ne s'explique pas parce qu'il contient plus de vérité. L'économie n'est pas une science cumulative mais bien humaine soumise à l'histoire et aux rapports de force. Penser qu'il n'y a qu'une seule approche économique est donc faux. En effet, en fonction des époques, des courants de pensée différents ont été appliqués avant que d'autres prennent leur place. Par exemple, en France (comme dans d'autres pays), le mode de régulation de l'économie était différent entre la période 1950-1970 et celle de 1980 à nos jours. La période 1950-1970 est caractérisée par une logique plus interventionniste de l'État tant dans son rôle de protecteur (État providence) que de stratège (État investisseur), les marchés et les prix sont régulés et les fruits de la croissance mieux redistribués ; alors qu'à partir des années 1980, une logique plus libérale s'installe prônant la baisse de la fiscalité, la déréglementation des marchés financiers et les privatisations.

L'économie n'est donc pas une science exacte – à constances très longues comme les lois de la physique. C'est une science sociale – avec des constances d'une durée à peu près égale à des types d'organisation sociale. Or, souvent, une organisation sociale laisse la place à une autre après une crise. Par exemple, le passage d'une économie assez administrée par l'État à un modèle plutôt libéral dans les années 1980 s'est fait après les chocs pétroliers. Un certain nombre de facteurs expliquent la formation d'un mode de régulation de l'économie à un moment donné. Les crises amènent souvent à une refonte, même si la crise de 2008 n'a pas engendré de chamboulement dans le fonctionnement de nos économies. Bien au contraire, la logique libérale s'est encore plus accentuée.

Pour résumer, il n'y a pas un mode de régulation de l'économie mais plusieurs. Il y a d'ailleurs eu dans l'histoire, en fonction des rapports de force, plusieurs modes de régulation du système. Rien n'est établi pour toujours, les lignes peuvent bouger et d'autres modes de fonctionnement de l'économie sont possibles. En économie, il y a des alternatives, contrairement à ce que nous a dit Margaret Thatcher.

Voir* : Atterrés (économistes), Économiste, Récit, Répartition des richesses

Économiste

Titre attribué à toute personne sachant citer quelques chiffres et maniant quelques indicateurs même si elle n'a fait aucune étude dans le domaine.

Le titre d' « économiste » est probablement le plus facilement attribuable dans l'espace médiatique. On peut être qualifié d'économiste en n'ayant pas fait la moindre année d'études dans le domaine mais juste parce qu'on est à la direction d'un think tank, essayiste ou journaliste en charge des questions économiques.

Il est important de comprendre que l'économie* ne se résume pas à énoncer des chiffres ou à faire des comparaisons internationales, il y a derrière des raisonnements qui ne peuvent être maîtrisés qu'après un certain nombre d'années d'études, comme dans toutes les disciplines (médecine, droit, architecture, etc.). Les usurpateurs savent que ce titre peu contrôlé est une marque d'excellence. C'est pour cela qu'ils s'attachent à constamment brouiller les pistes en jouant sur la confusion entre think tank, fondation et laboratoire de recherche, ou entre études (sans validation par des pairs) et articles académiques, ou encore en s'octroyant des titres tels que « directeur de recherche » alors qu'ils ne font pas de la recherche scientifique.

À mon sens, on ne peut être qualifié du titre d'économiste qu'après au minimum cinq années d'études c'est-à-dire l'obtention d'un master (ce qui est souvent le cas pour être analyste financier ou professeur dans le secondaire). Il y a ensuite les professeurs du supérieur qui ont un doctorat (huit ans d'études), enseignent et ont une activité de publications dans des revues à comité de lecture. Ceux qui ont la chance d'assister à des séminaires de recherche en économie savent que les (vrais) économistes ne pensent pas tous la même chose. Tous ceux qui ont présenté des papiers gardent en mémoire plusieurs séminaires très tendus entre chercheurs appartenant pourtant au même laboratoire et ayant fait souvent les mêmes études (et se retrouvant dans les mêmes jurys de thèse, commissions, etc.). Je dirais même que la présentation d'un papier suivie d'une grosse dispute est un rite initiatique en première année de thèse. Les (vrais) économistes se disputent, car en économie il n'y a jamais qu'un seul modèle (ou ce modèle est discuté) et jamais qu'une seule recommandation de politiques économiques.

Pourtant, dans le débat médiatique, il est souvent arrivé que des éditorialistes économiques soient tous sur la même ligne, ce qui constitue un rétrécissement du débat public. C'était le cas sur la réforme de l'ISF* d'Emmanuel Macron qui devait être, nous disait-on, bénéfique à l'investissement ou encore sur le CICE, qui devait générer des centaines de milliers de créations d'emplois. Sur ces deux thèmes, il est difficile de trouver un édito matinalier critique ou nuançant les bienfaits de ces réformes. Ce point est un problème car il donne l'impression au grand public qu'il existe un consensus, ce qui n'est pas le cas dans le monde universitaire. On se souvient également des fortes critiques à l'égard du programme économique de Jean-Luc Mélenchon en 2017 alors que plus de cent économistes parmi les plus brillants (Bruno Amable, Ha-Joon Chang, etc.) le soutenaient. En 2017, les programmes de Benoît Hamon (soutenu par Thomas Piketty et Julia Cagé), celui de Jean-Luc Mélenchon (soutenu par plus de cent économistes) ou celui d'Emmanuel Macron (soutenu par quarante économistes) étaient tous pareillement crédibles. Ils méritaient un débat sur un pied d'égalité pour que chaque Français puisse choisir son avenir en connaissance de cause. La démocratie s'en serait mieux portée.

Voir* : Atterrés (économistes), Économie, ISF

Égalité des chances

L'égalité des chances est un concept complexe aux contours imprécis qui peut se définir comme une égalité initiale garantie par la société et par la loi. Le but étant d'offrir les mêmes opportunités à chaque individu sans distinction d'origine, de race, de religion ou de sexe. Elle ne déplaît pas aux libéraux car, dans leur logiciel de pensée, si l'égalité des chances est respectée au départ, alors personne ne peut contester les écarts de revenus ou de richesses à l'arrivée, puisqu'ils dépendent des qualités de chacun. C'est là qu'on atteint les limites concrètes de ce qui n'est qu'une belle idée.

Prenons l'exemple d'une faculté de médecine ou de droit en France. Le prix de l'inscription pour une année est accessible à la majorité de la population et même gratuit pour les étudiants boursiers. Théoriquement, on peut donc parler d'égalité des chances (tout le monde peut avoir accès à l'université). Seulement pour réussir médecine ou le concours d'avocat, la plupart des étudiants ont recours à des prépas privées. Le système est égalitaire sur le papier mais, dans les faits, il ne l'est pas.

L'égalité des chances vise donc à assurer principalement une égalité de départ, l'inégalité d'arrivée (différence de salaires, etc.) n'est pas un problème. De ce fait, l'égalité des chances, bien que nécessaire, n'est pas suffisante pour permettre l'avènement d'une société juste.

Voir* : Discrimination positive

Énergie nucléaire

Pour certains, elle est la seule solution pour lutter contre le réchauffement climatique tout en maintenant notre façon de vivre, pour d'autres il faut en sortir. Très critiqué après l'accident de Fukushima, le nucléaire semble revenir en grâce. Il est important d'exposer ici les avantages et les inconvénients de cette énergie.

Au niveau mondial, l'énergie nucléaire représente environ 6 % de l'énergie globale consommée et 13 % de la production d'électricité avec environ 443 réacteurs répartis dans trente pays. La France est une exception puisque dans son bilan énergétique le nucléaire représente 42 % de l'énergie consommée et 75 % de la production d'électricité. Dans le domaine de l'énergie nucléaire, la France occupe une position vraiment à part : elle ne représente que 1 % de la population mondiale mais 13 % des réacteurs nucléaires.

L'accident de Fukushima a replacé les risques du nucléaire au cœur de l'actualité. Il est arrivé également à un moment où beaucoup de pays ayant choisi le nucléaire étaient confrontés au vieillissement de leurs réacteurs. La question du maintien (au prix de lourds investissements, autour de 50 milliards), du démantèlement ou de la construction de nouveaux réacteurs s'est donc posée dans le débat politique avec plus de vigueur.

Le nucléaire présente un certain nombre d'avantages dans la production d'électricité. Un réacteur peut fournir de l'électricité à un million d'habitants quasiment en continu puisque, pour que le nucléaire soit compétitif, une centrale doit fonctionner au moins 5 000 heures par an. Enfin, contrairement aux centrales à gaz et à charbon, il émet peu de CO_2 (tout comme les énergies renouvelables*).

Les inconvénients du nucléaire sont principalement le risque et les conséquences d'un accident. Personne n'est à l'abri d'un accident malgré des normes drastiques de sécurité. On recense trois accidents majeurs : Three Mile Island (1979), Tchernobyl (1986) et Fukushima (2011). Même si la possibilité d'un accident de type Tchernobyl ou Fukushima en France semble écartée, un accident de type Three Mile Island n'est pas complètement impossible. Le risque zéro n'existe pas et il faut bien avoir en tête qu'un accident nucléaire ne s'arrête pas aux frontières. Bien que la sûreté nucléaire soit un bien public mondial, elle ne fait toujours pas l'objet de normes de sécurité homogènes. Un développement massif du nucléaire au niveau mondial implique donc une plus grande probabilité d'accident, c'est un risque à assumer… Ou pas.

Le stockage à long terme des déchets radioactifs représente une autre contrainte forte du nucléaire. Les coûts de gestion des déchets représentent environ 5 % du coût total de l'électricité produite. L'ouverture de sites de stockage peut également provoquer des tensions avec les populations locales comme à Bure, en France.

Enfin, la troisième génération de réacteur nucléaire à eau pressurisée (l'EPR, *European Pressurized Reactor*), dont celui de Flamanville, se révèle être un véritable gouffre financier. À l'origine, la mise en service devait avoir lieu en 2012 et le coût du projet était évalué à 3,3 milliards d'euros. Dix ans plus tard, le projet n'est toujours pas achevé et son coût est estimé à 12,7 milliards. Un retard et un surcoût qui fragilisent considérablement la compétitivité de l'EPR par rapport aux énergies renouvelables.

Voir* : Énergies fossiles, Énergies renouvelables

Énergies fossiles

Notre mode de vie repose à plus de 80 % sur des énergies fossiles (pétrole, gaz et charbon). Or pour respecter l'accord de Paris*, nous devrions laisser sous terre la majorité d'entre elles. Autant dire que nous devrions drastiquement transformer notre mode de vie ou trouver d'autres énergies moins polluantes (sachant qu'il faut des années d'investissement avant de pouvoir consommer une énergie).

La répartition de la production et de la consommation d'énergies fossiles est inégalitaire dans le monde. Elle dépend des ressources naturelles mais également du développement de chaque pays. Les pays les plus sobres sont souvent les plus pauvres, ce qui n'est pas une situation souhaitable. Dans le débat sur le réchauffement climatique, les commentateurs des pays riches accusent volontiers les pays émergents, notamment la Chine, d'utiliser trop d'énergies polluantes. C'est vrai, mais les pays riches qui ont la capacité financière et technologique d'entamer la transition énergétique sont loin d'être exemplaires. Par exemple, les États-Unis ont ajouté 4 millions de barils de pétrole (principalement de schiste) sur le marché mondial. Le Canada a développé les huiles de sables bitumineux (le pétrole le plus sale au monde). La France, après avoir débattu de manière très virulente sur l'exploitation des gaz de schiste au début des années 2010, s'est tournée vers le gaz de couche (un gaz non conventionnel) avec le soutien d'Emmanuel Macron. Or cette production de pétrole et de gaz non conventionnels n'a aucune justification, tant d'un point vue « climatique » qu'en ce qui concerne le niveau de vie.

En effet, certains pays ont la capacité de diminuer leur consommation d'énergie sans porter atteinte à leur niveau de vie. La corrélation positive entre IDH (Indice de développement humain) et consommation annuelle d'énergie s'arrête à partir de quatre tonnes équivalent pétrole (TEP) par habitant. Cela signifie que dans les pays en développement, la consommation d'énergie est reliée à l'amélioration de la qualité de la vie des individus (l'accès aux infrastructures de base comme l'électricité, les sanitaires ou l'électroménager augmente la consommation énergétique) mais, au-delà d'un certain niveau de consommation d'énergie (en l'occurrence quatre TEP), le bien-être des individus n'augmente plus (ce qui signifie que la consommation supplémentaire d'énergie devient superflue). Pourtant, un certain nombre de pays sont au-dessus de ce seuil comme les États-Unis, le Japon, la Suède ou l'Australie. Ces pays pourraient donc réduire leur consommation d'énergie sans affecter leur qualité de vie. Il n'est donc plus question de nécessité mais de choix.

De manière globale, les énergies que nous consommons dépendent de choix politiques, c'est pour cela que les bilans énergétiques des pays européens sont si différents. Mais les quantités que nous produisons et consommons dépendent de l'organisation du commerce au niveau mondial (libre-échange*, commerce international), de la logique de cette organisation (compétitivité, refus de prendre en compte les impacts sur l'environnement) et de la société de consommation de masse.

Voir* : Accord de Paris, Climato-sceptique, Déni climatique

Énergies renouvelables

Pour certains, elles sont des énergies d'avenir parce qu'elles émettent peu de CO_2 et qu'elles ne nécessitent pas d'importer de combustibles. Pour d'autres, elles sont une escroquerie, notamment à cause de leur caractère intermittent. En effet, le solaire ne peut fonctionner que lorsqu'il y a du soleil et l'éolien que lorsqu'il y a du vent. Mais les énergies renouvelables ne se résument pas qu'à ces deux énergies. Il y a également l'hydraulique, qui permet de produire de l'électricité grâce à la force de l'eau qui dépend soit du débit des fleuves/des rivières (centrales au fil de l'eau), soit de la hauteur de la chute d'eau (barrages) ; la géothermie, qui consiste à exploiter la chaleur du sous-sol ; la biomasse, qui permet de produire de l'électricité grâce à la combustion de matières organiques végétales (bois, déchets agricoles, ordures ménagères) et les énergies marines, qui permettent de produire de l'électricité grâce aux courants, aux marées et à la matière marine.

Malgré la forte croissance de certaines filières renouvelables (l'hydraulique, l'éolien ou le solaire), la capacité de production est loin d'être complètement exploitée, que ce soit dans les pays du Nord ou du Sud. Le choix de ces sources d'énergie dépend du climat (présence de soleil pour le solaire ou de vent pour l'éolien) et des dotations naturelles de chaque pays (présence de mer pour les énergies marines, de lacs pour l'hydraulique). Une autre difficulté est liée à leur intermittence et au fait qu'il n'existe pas de possibilité de stocker l'électricité à grande échelle. L'intermittence risque d'entraîner des déséquilibres entre l'offre et la demande horaire d'électricité (par exemple si la demande d'électricité est forte à un moment de la journée où le vent est faible) qui perturberaient le système électrique.

Malgré leur fort potentiel en créations d'emplois (un investissement d'un million de dollars crée 14 emplois dans les énergies renouvelables contre 5 dans le pétrole et le gaz[23]), les énergies renouvelables ne bénéficient pas d'un contexte favorable à leur développement. Alors que le nucléaire* en France a fait l'objet d'un quasi-consensus politique, ce qui lui a offert un environnement stable pour se développer (monopole public), les énergies renouvelables ne bénéficient pas de consensus politique en leur faveur. Certains partis politiques y sont même farouchement opposés. La possibilité d'une alternance politique entraîne donc un risque de changement de politique énergétique. Cela peut conduire à des phénomènes de « stop and go » préjudiciables à des filières émergentes. Sans dispositifs réglementaires clairs et stables, il ne peut y avoir de montée en puissance des renouvelables. En France, le solaire photovoltaïque a subi un gel des mécanismes de subventions en 2010, plongeant la filière française dans une forte incertitude. Les énergies renouvelables, pour avoir un avenir, ont besoin au préalable d'un consensus politique qui leur permette de bénéficier du même environnement que le nucléaire lorsqu'il s'est développé.

Voir* : Énergie nucléaire, Énergies fossiles

Entrepreneur

Individu ayant créé une entreprise. Il est souvent présenté dans les médias comme quelqu'un étant dans « la vraie vie » contrairement aux infirmières, professeurs et autres fonctionnaires* qui seraient rémunérés grâce à sa création de richesses. Il est également souvent plaint parce qu'il serait écrasé sous les charges et autres impôts qui l'empêcheraient de se développer. Malgré ces obstacles, certains arrivent néanmoins à accumuler des fortunes comme Marc Simoncini en France ou Elon Musk aux États-Unis (et nous devrions donner une médaille à Marc Simoncini qui a dû affronter une terre hostile à l'entreprenariat comme la France).

D'ailleurs, lorsque vous lisez une biographie ou regardez un reportage consacré à ces patrons milliardaires, vous constatez que l'explication de leur ascension fulgurante se base essentiellement sur leur personnalité. Assez souvent, on a droit à l'enfance et aux signes précoces attestant un caractère exceptionnel, aux années d'études et au témoignage d'un professeur affirmant le comportement turbulent de l'élève, ce qui marque un empressement à vouloir réaliser des choses ; puis nous avons droit à la bande de copains de fac et aux témoignages mettant en avant les qualités de leader du futur milliardaire. Telle est, dans la majorité des cas, la présentation à l'eau de rose du parcours de ces jeunes patrons qui ne dépassent guère le cadre de la personne et de ses proches. Les causes du succès seraient donc à aller chercher dans les caractéristiques de l'individu – notamment le fameux esprit d'entreprise – plus que dans les conditions qui lui ont permis d'y parvenir. Or la réussite individuelle est avant tout collective car elle dépend des politiques mises en place, des institutions et du capital productif, humain et social d'un pays.

Prenons le cas de Steve Jobs. Outre les qualités indéniables de l'homme, le succès de l'iPhone n'aurait pas été possible sans Internet, l'écran tactile, le GPS ou la reconnaissance vocale. Or, toutes ces innovations proviennent du secteur public américain : Internet, le GPS et la reconnaissance vocale ont été développés dans le cadre de programmes de recherche du département de la Défense américain et l'écran tactile a été inventé par un professeur d'université et son doctorant ayant reçu des financements publics. Le succès de l'iPhone s'explique certes par le talent de Steve Jobs mais n'a été possible que par des années de recherches et d'investissements publics bien en amont. Une version de l'histoire d'Apple trop peu racontée, trop souvent remplacée par le fabuleux destin et les qualités hors normes de Steve Jobs.

Ce genre de storytelling, isolant les fortunes accumulées de leur environnement, est un pilier important de la légitimation de politiques fiscales accommodantes avec les très riches ou même d'une forme de laxisme voire de compréhension à l'égard de l'évasion fiscale*. Or la réalité est que, même en trouvant des managers aussi brillants que Steve Jobs, le succès d'Apple n'est reproductible dans aucun pays autre que les États-Unis. La réussite ne se résume pas aux qualités individuelles. Si les Américains réussissent mieux que les autres dans les nouvelles technologies, c'est parce qu'il y a eu en amont de la chaîne d'innovation des investissements publics et un État qui a créé et façonné ces marchés* d'avenir, laissant ensuite les entrepreneurs récupérer ces innovations pour les commercialiser.

Voir* : Évasion fiscale, Innovation, Marché

État stratège

État considéré comme pilote et stratège de l'économie. Ce terme est souvent moqué par les libéraux car ils sont persuadés que les décideurs publics ne prennent que de mauvaises décisions contrairement aux entrepreneurs du secteur privé. Cette vision est très caricaturale au regard de l'histoire.

Prenons l'âge d'or de l'État stratège en France, entre 1945-1973. À cette époque, l'État conduit des plans d'équipement (comme le plan téléphone à partir de 1974 pour permettre à un nombre croissant de personnes d'avoir accès à ce service), il fait naître des champions nationaux comme Alstom, EDF, Gaz de France, SNCF en leur assurant un environnement concurrentiel favorable (monopole et public) et fait des choix gagnants comme celui du nucléaire dans l'énergie. C'est aussi l'époque des exploits techniques comme le TGV qui détient le record de vitesse sur rail ou encore le Concorde qui permettait de relier Paris et New York en trois heures.

Il faut attendre le début de la décennie 1980 pour voir ce rôle de stratège abandonné au profit d'une confiance dans les mécanismes de marché* pour guider l'action des pouvoirs publics. Concrètement, l'État ne se retire pas mais ses missions ont changé. Il s'agit désormais de mettre la logique de marché au cœur de l'économie et éventuellement d'en corriger les défaillances. Son rôle est cantonné au fait de créer un environnement favorable aux affaires, d'ouvrir les monopoles publics à la concurrence et de corriger les externalités négatives en créant, par exemple, quelques taxes sur les énergies polluantes.

Ses fonctions de planificateur et d'investisseur sont désormais laissées de côté.

Avec la crise du Covid-19, le rôle de l'État stratège, notamment dans la réindustrialisation, a fait son retour dans le débat public mais les propositions et les moyens alloués restent assez proches de la doctrine des années 1980 qui consiste à offrir au secteur privé un environnement favorable en baissant sa fiscalité et à laisser faire les acteurs de marché.

Beaucoup en lisant ces lignes vont dire que le fantasme de l'État stratège est franco-français alors que partout ailleurs, notamment aux États-Unis, les pays laissent faire les entrepreneurs, ce qui leur permet de bénéficier des innovations majeures. C'est parfaitement faux. L'État américain a piloté de vastes programmes d'investissement public notamment dans l'Internet. Il a financé en amont, dans leur phase la plus incertaine, des recherches que le secteur privé aurait refusé de réaliser pour ensuite permettre aux entreprises privées de les utiliser. Le téléphone n'a pu devenir « intelligent » que grâce à des années de recherche publique et d'innovations qui en ont découlé comme Internet, le GPS, la reconnaissance vocale et l'écran tactile.

Voir* : Désindustrialisation, Innovation, Taxe carbone sur les carburants

Europe sociale

Serpent de mer régulièrement invoqué soit par des ignorants, soit par des malhonnêtes. L'Europe sociale serait une Europe de la convergence des fiscalités vers le haut (notamment pour financer la transition énergétique), de la lutte contre les paradis fiscaux (pour éviter que certains pays européens ne siphonnent les recettes publiques de leurs voisins), de la hausse des bas salaires (pour permettre à chacun de vivre dignement).

Là où ceux qui font mine de promouvoir de telles mesures sont hypocrites ou ignorants (ou les deux), c'est qu'ils font comme si la matrice de l'Europe permettait qu'un jour puisse émerger un tel projet. Rappelons que l'Union européenne s'est construite sur le principe de la libre concurrence, ce qui a entraîné une mise en compétition des modèles sociaux et fiscaux des États membres. Cette mise en place d'un marché unique* (car oui, l'Union européenne, c'est avant tout la construction d'un marché) a entraîné l'ensemble des pays dans une course au moins-disant social et fiscal. L'euro n'a fait que renforcer cette tendance en imposant des critères identiques à dix-neuf pays qui avaient des niveaux de développement et de démographie différents. Toute personne refusant de détourner le regard en voit les conséquences : les politiques d'ajustements structurels en Grèce, l'austérité budgétaire* (rappelons que la Commission européenne a demandé 63 fois aux États membres de réduire leurs dépenses de santé entre 2011 et 2018), le développement des emplois précaires, la modération salariale et la montée en puissance des partis nationalistes et xénophobes dans toute l'Europe.

Il existe, en Europe, une architecture institutionnelle bien établie qui impose une logique économique – marché unique, monnaie unique, libre circulation des capitaux*, etc. – avec des conséquences sur les politiques économiques des États – baisse de la fiscalité, dévaluations internes, etc. Je souhaite bon courage aux pro-Européens pour faire naître une Europe sociale dans de telles conditions (d'ailleurs, il faudrait qu'ils vérifient que le terme « social » recouvre la même signification partout en Europe). En même temps, les tenants de ce discours ne discutent que rarement des textes ou des faits, préférant se cacher derrière des généralités faussement progressistes et prédisant l'apocalypse au moindre changement.

Voir* : Brexit, Destruction de l'économie grecque, Évasion fiscale, Libre circulation des capitaux, Marché unique, Zone euro

Évasion fiscale

Opération visant à se soustraire à l'imposition d'un pays pour aller s'y soumettre dans un autre où il n'y a pas ou peu de pression fiscale. En France, l'évasion fiscale représente une perte pour les finances publiques de 30 à 50 milliards d'euros par an[24]. Pour les libéraux, si consciencieux à l'égard de la dette publique*, cette perte de recettes fiscales ne semble pas être un problème, contrairement au niveau de la dépense publique* (qu'il faut baisser pour rembourser la dette). Le pire est que l'évasion fiscale est légale et même encouragée par certains États voisins comme le Luxembourg, les Pays-Bas, l'Irlande ou la Belgique, sans que les autorités européennes dénoncent très clairement la politique de ces États visant à siphonner les recettes publiques de leurs voisins (souvent parce qu'ils sont incapables de faire autre chose). Elle est inhérente même au principe de libre circulation des capitaux* considérée comme liberté fondamentale en Europe. La concurrence fiscale est d'autant plus encouragée que les capitaux peuvent aller librement où ils veulent.

L'évasion fiscale, ou plutôt l'optimisation fiscale comme on dit aujourd'hui, c'est tout un système faisant intervenir banques, avocats, États, qui mettent tous une immense ingéniosité au service des plus riches pour qu'ils ne paient pas d'impôts (et accessoirement qu'ils ne financent pas les hôpitaux et l'éducation). Certes, lorsqu'une multinationale fait des bénéfices, l'imposition en France ne concerne que les activités localisées dans le pays, lesquelles peuvent être déficitaires ou moins rapporter qu'ailleurs. Mais il est également possible d'organiser volontairement l'appauvrissement d'une filiale là où l'imposition est forte pour en enrichir une autre là où l'imposition est faible.

Prenons l'exemple d'une compagnie pétrolière produisant du pétrole dans un pays en voie de développement. Le pays pauvre a besoin de rentrées fiscales pour financer des infrastructures de transport, d'éducation et de santé, il fixe donc un taux d'imposition conséquent. Si la compagnie juge que la fiscalité est trop lourde, elle va vendre le pétrole qu'elle extrait à des sociétés sœurs en utilisant des prix de transfert généralement très faibles. Le but étant d'appauvrir la filiale qui extrait le pétrole (et qui devrait payer des impôts aux pays producteurs) pour enrichir la société sœur, immatriculée dans une zone à faible fiscalité. Au final, la société qui produit du pétrole le revend à un prix bon marché et fait un bénéfice quasiment nul ou des pertes, lui évitant ainsi de payer des impôts dans le pays hôte. À l'inverse, la société sœur, logée dans un paradis fiscal, achète du pétrole à un prix faible qu'elle revendra ensuite à une autre société à un prix plus élevé, réalisant ainsi un fort bénéfice dans un lieu où la fiscalité est faible. Ce petit jeu a été pratiqué pendant de nombreuses années par Total en République du Congo. Il est également pratiqué par Apple en Europe, l'entreprise payait ses impôts sur les bénéfices européens en Irlande au taux d'imposition de 0,005 % ! Apple subit donc une pression fiscale plus faible que n'importe quelle boulangerie en Europe.

Voir* : Dette publique, Europe sociale, Libre circulation des capitaux

F

Finance
Fiscalité
Flexibilité du marché du travail
FMI (Fonds monétaire international)
Fonctionnaire
Fonds pour les générations futures (dans les pays pétroliers)

Finance

Au départ, la finance devait favoriser l'investissement dans l'entreprise en drainant les fonds des épargnants qui ne voulaient pas le risquer eux-mêmes. Elle était un moyen. Désormais elle devient une fin en soi. C'est ici que réside l'ambiguïté de la finance : elle est à la fois une courroie indispensable de l'activité économique mais aussi une activité qui a ses propres fins. La finance comme activité autosuffisante l'a emporté sur la finance comme moyen au service de l'entreprise. Ainsi elle est largement entrée en contradiction avec son premier rôle.

Aujourd'hui, la finance a une responsabilité majeure dans les dysfonctionnements de nos économies. Elle détourne les ressources de l'économie réelle, elle favorise l'austérité salariale et les délocalisations et organise l'évasion fiscale*. Son instabilité structurelle a engendré de nombreuses crises depuis les années 1990 (crise asiatique, crise des subprimes*, crise des dettes souveraines*...) et la globalisation favorise la transmission de ces crises d'une région du monde à l'autre (la crise des subprimes était à la base américaine, elle s'est très rapidement transformée en crise mondiale). Enfin, plus la taille de la finance est importante, plus la récession dans l'économie réelle sera forte en cas de crise.

L'accroissement de la taille de la finance dans notre économie commence à partir des années 1970. À la suite des chocs pétroliers, un nouveau mode de régulation de l'économie se met en place. Suivant l'exemple du tandem Reagan-Thatcher, les gouvernements vont réduire le champ de l'intervention de l'État, déréglementer l'économie, privatiser les entreprises publiques et faire confiance aux mécanismes de marché. Le système passe d'une économie plutôt administrée à une économie de marchés financiers libéralisés. C'est l'avènement du rôle central des actionnaires* et de la finance dans l'entreprise. Avec la montée en puissance de la place de l'actionnaire, les stratégies des entreprises vont considérablement se transformer, tout comme la condition des salariés et la place de l'État dans la politique industrielle. L'actionnaire va être placé au centre de cette logique et tout va être fait pour qu'il en soit le principal bénéficiaire, au détriment de l'investissement et des salariés. Les salariés vont devenir la variable d'ajustement permettant de satisfaire les exigences de ROE (return on equity[25]) des actionnaires. Quant au rôle de l'État, il va être cantonné à offrir un environnement favorable aux capitaux en baissant la fiscalité sur le capital et les hauts revenus. Ce fonctionnement de l'entreprise a favorisé une envolée des profits qui a majoritairement profité aux actionnaires au détriment des salaires (dont la part dans la valeur ajoutée a diminué) et de l'investissement (inférieur à ce qu'il aurait dû être compte tenu du niveau de profit). Au final, c'est l'entreprise qui sert la finance et pas l'inverse.

Voir* : Actionnaires, Crise des dettes souveraines (ou crise de la zone euro), Crise des subprimes, Évasion fiscale

Fiscalité

Ensemble de règles et pratiques utilisées par un État pour percevoir des impôts et prélèvements obligatoires. La question de la fiscalité n'est pas liée à son niveau (comme on l'entend beaucoup dans le débat public) mais plutôt à ce qu'elle finance et à la contribution de chacun. Par exemple, il est idiot de comparer les niveaux de prélèvements obligatoires entre pays sans comparer les protections sociales de chaque pays. Il faudrait également comparer, à couverture des besoins égale, le coût moyen d'une assurance privée dans les pays ayant de faibles prélèvements obligatoires par rapport à ceux ayant un système social financé par les prélèvements obligatoires. Concrètement, la question devrait être posée de la sorte : êtes-vous prêt à payer moins de cotisations sociales et donc à voir votre revenu augmenter de quelques centaines d'euros par an mais, en contrepartie, à renoncer aux prestations chômage en cas de perte d'emploi, à la retraite ou au remboursement de vos soins ? La fiscalité finance notre modèle social* et la plupart des gens, même s'ils l'oublient parfois, en bénéficient.

L'autre question qui se pose de plus en plus est celle de la justice fiscale, lorsque des multinationales arrivent à avoir, grâce à des stratégies d'optimisation fiscale, une pression fiscale plus faible que celle d'une PME alors le consentement à l'impôts devient de plus en plus difficile. Il en est de même pour les particuliers, on se souvient du mouvements des Gilets jaunes contre la taxe carbone*, un an après la réforme de l'impôt sur la fortune (ISF*) offrant une baisse d'impôts de plus de 4 milliards aux 1 % les plus riches.

Voir* : Évasion fiscale, ISF, Modèle social

Flexibilité du marché du travail

Croyance expliquant que la protection des travailleurs, et notamment le Code du travail, serait la cause du chômage en France. La solution serait donc de donner plus de souplesse au marché du travail en allégeant le Code du travail qui, comme le clamait Benjamin Griveaux, alors secrétaire d'État auprès du ministre de l'Économie et des Finances, n'a pas changé depuis trente ans (ce qui est factuellement faux).

La lecture libérale se fonde sur le postulat suivant : depuis la fin de la Seconde Guerre mondiale, l'économie française subit de plus en plus de rigidités sur les différents marchés des biens, des services, des capitaux et du travail. De ce fait, la croissance s'est tassée, et la France aurait perdu en compétitivité. L'objectif serait donc de s'attaquer à ces rigidités, et prioritairement à celles liées au marché du travail car elles expliqueraient le chômage. L'idée serait de faciliter les licenciements pour pouvoir embaucher.

Ce raisonnement répété en boucle par des éditorialistes ou des représentants de think tanks du patronat a fini par s'imposer comme une vérité alors qu'il contredit les faits. En réalité, la France s'est engagée dans un processus continu de réformes depuis plus de trente ans. Dès 1972, le recours à l'intérim a été rendu légal pour satisfaire le patronat qui réclamait déjà un volant de flexibilité. En 1979, les contrats à durée déterminée (CDD) sont introduits dans le Code du travail. D'autres contrats précaires, comme les contrats de chantier pour les salariés du bâtiment, seront créés pour s'adapter aux desiderata des chefs d'entreprise. Tous ont d'ailleurs connu un franc succès : depuis 1980, l'intérim a été multiplié par 5, les CDD par 4 et les stages et les contrats aidés par 3. Sur la période 2000-2021, plus de 270 réformes ont été faites sur l'ensemble des champs relatifs au marché du travail (assurance chômage, minima sociaux, accompagnement des demandeurs d'emploi, etc.)[26]. Aujourd'hui, 87 % des nouvelles embauches se font en CDD, les salariés en CDD et intérimaires restent dans la précarité, ces types d'emplois sont rarement des tremplins vers une activité durable[27], de sorte que chaque génération occupe moins d'emplois stables que la précédente. Il n'y a d'ailleurs pas de consensus scientifique sur le lien entre flexibilité du marché du travail et création d'emplois, comme le rappelle une note du Conseil d'analyse économique (CAE) qui, dans une synthèse des travaux théoriques et empiriques sur le sujet, écrivait en 2015 : « Il n'y a pas de corrélation démontrée entre le niveau de protection de l'emploi et le taux de chômage[28]. » Cette approche fait écho à une autre qui a fait grand bruit dans les milieux avisés en son temps. En 1994, l'OCDE avait livré une étude indiquant qu'un certain degré de protection de l'emploi se traduisait par des conséquences néfastes sur le chômage pour mieux se déjuger en 2004, indiquant qu'il n'y avait pas de corrélation entre le niveau de protection de l'emploi et la croissance du chômage.

Retirer des protections aux salariés n'a jamais créé d'emplois, cela permet juste de faire du travail une variable d'ajustement en donnant au patronat la possibilité de compresser plus facilement les coûts via les licenciements en cas de perte d'activité. L'important dans l'affaire, c'est le récit* qui en est fait. Avec un mélange de mauvaise foi et d'amnésie, beaucoup d'éditorialistes et d'économistes* nous racontent l'histoire d'une France irréformable*, ce qui est faux au regard des faits.

Voir* : Irréformable, Récit

FMI (Fonds monétaire international)

Faux ami des pays pauvres ou en difficulté, il contribue à faire en sorte que la situation s'améliore sur le moment, pour mieux préparer une dégradation à plus long terme.

Lorsqu'un pays traverse une crise (ce qui arrive assez souvent dans les pays pauvres compte tenu de leurs fragilités économiques), rares sont les banques qui sont disposées à lui prêter de l'argent. La plupart du temps, il est donc obligé de se tourner vers le Fonds monétaire international (FMI), qualifié souvent de prêteur de dernier recours. Or, le FMI, à défaut de pouvoir exiger des garanties financières des pays pauvres, leur impose de mettre en place des réformes structurelles. Se spécialiser dans la production de biens destinés à l'export, privatiser, diminuer les protections (prestations chômage, retraites), réduire la sphère publique, ouvrir les marchés à l'international, tels sont les critères imposés aux pays en échange d'un prêt. Et comme ces pays, souvent très endettés, ont besoin de fonds urgemment, ils acceptent sans broncher les conditions du FMI.

Que ce soit en Amérique du Sud, en Asie ou en Afrique, la majorité des pays en développement* ont été contraints de demander de l'argent au FMI. Tous ont dû appliquer la même politique, sans tenir aucun compte des contextes nationaux et comme si la libéralisation de l'économie ne pouvait être que bénéfique. Résultat, des pays se sont spécialisés dans des biens à l'export pour satisfaire la demande extérieure (principalement des pays riches) plutôt que de satisfaire leur demande intérieure ; des pans entiers de l'économie ont été privatisés, faisant la joie des grands groupes européens et américains qui ont pu les racheter à moindre prix ; une ouverture des marchés et une baisse de la pression fiscale ont permis encore plus facilement aux multinationales de s'implanter ; et des populations, parfois déjà extrêmement pauvres, ont vu leur situation encore se dégrader. La logique du FMI s'est même étendue aux pays européens, entraînant un fort recul social, que l'on pense à la Grèce, au Portugal ou encore à Chypre.

Le FMI, noble institution basée à Washington, n'a pas comme unique but d'assurer la stabilité du système monétaire international et d'éviter les crises – ce qu'il n'a pas réussi à faire en 2008, trop occupé à surveiller les pays en développement plutôt que les États-Unis –, c'est également une instance autoritaire visant à imposer une logique libérale qui sert principalement les intérêts des pays riches.

Voir* : Destruction de l'économie grecque, DSRP, Fonds pour les générations futures (dans les pays pétroliers)

Fonctionnaire

Personne travaillant dans le secteur public et ayant un emploi statutaire, le fonctionnaire est depuis une trentaine d'années critiqué et opposé au salarié du privé. L'idée, désormais affichée sans retenue, est qu'il y aurait d'un côté les fainéants protégés et de l'autre les courageux exposés à la concurrence.

Dans un premier temps, il est donc important de rappeler les raisons de la création du statut de fonctionnaire, lequel tient très largement à la nature des emplois occupés. Des fonctions aussi variées que l'éducation, la santé, la justice ou la police doivent s'exercer sur la base du respect des principes démocratiques du service public, comme l'impartialité, la neutralité, la probité ou l'égalité de traitement des citoyens. Le statut est conçu moins pour avantager le fonctionnaire que pour servir le citoyen. En mettant les fonctionnaires à l'abri de l'arbitraire, il rend difficile l'instrumentalisation de l'administration à des fins partisanes par un pouvoir politique. C'est une garantie d'indépendance. Ainsi, ce statut empêche certaines mairies ayant basculé à l'extrême droite, par exemple, de licencier le personnel de la ville administrée en réorganisant les services publics en fonction d'objectifs politiques.

Il est important également de rappeler que les missions de service public portent sur des domaines particuliers que l'on ne peut laisser entièrement au secteur marchand, comme l'éducation ou la santé. Ces services, en étant financés par l'impôt ou les cotisations, sont gratuits à la consommation. Leur accès est ainsi garanti à tous (quand vous allez à l'hôpital, on vous demande votre carte vitale et non votre carte bleue). Par ailleurs, il est important de rappeler que la fonction publique est également source de richesses. Comme le rappelle l'économiste Christophe Ramaux : « Les fonctionnaires contribuent au PIB* et la valeur ajoutée par les administrations s'élève à 375 milliards d'euros[29]. »

Mais il est faux de croire que la fonction publique est le paradis de l'emploi stable. L'État est désormais un grand fabricant de précarité. Ainsi la France compte 5,5 millions d'agents employés dans la fonction publique sur le territoire national, soit 1 emploi sur 5. Mais tous ne sont pas fonctionnaires, 20 % d'entre eux ne sont pas titulaires ; les trois fonctions publiques (territoriale, hospitalière et nationale) comptent plus d'un million de précaires.

Enfin, pour ceux qui ont le statut de fonctionnaires, les carrières ont très largement changé.

Les logiques managériales ont désormais fait leur apparition. Gel du point d'indice, rémunération au mérite, individualisation des carrières, intensification des évaluations, autant d'évolutions qui fragilisent les protections juridiques des salariés de la fonction publique et les protègent de moins en moins d'une ingérence politique (ce qui était pourtant l'intérêt principal du statut de fonctionnaire).

Le résultat de cette casse du statut de fonctionnaire et du dénigrement qui l'accompagne est sous nos yeux : des infirmières viennent à manquer, les professeurs du primaire et du secondaire sont moins présents dans les concours ou démissionnent (l'académie de Versailles, en juin 2022, a eu recours au « job dating » pour recruter) et l'Université survit par le biais de vacataires précaires.

Voir* : Dépense publique, Modèle social

Fonds pour les générations futures (dans les pays pétroliers)

Compte en banque permettant de recueillir l'argent provenant du pétrole – une énergie dont les réserves s'épuisent – afin de le conserver telle une épargne pour les générations futures.

La création d'un fonds pour les générations futures est souvent perçue par les institutions internationales (Banque mondiale et FMI*) comme un signe de bonne gestion de la rente pétrolière par les pays en développement*. C'est en réalité une fausse bonne idée et l'une des incarnations de l'hypocrisie des pays riches à l'égard des pays en développement. Certes un pays développé comme la Norvège a fait ce choix et son fonds souverain, créé en 1990 pour accueillir l'excédent des recettes pétrolières destiné aux générations futures, est le plus riche au monde. Mais les pays pauvres n'ont-ils pas des problèmes plus urgents à résoudre que celui de créer un fonds pour les générations futures ?

Par exemple, dans un pays comme le Tchad, qui a été le laboratoire de la mise en place de ce type de fonds sous les applaudissements des experts, ne vaudrait-il pas mieux utiliser la rente pétrolière directement ? Quand, dans un pays, 80 % de la population vit avec moins d'un dollar par jour et que 76 % des gens n'ont pas accès à l'eau potable, à l'évidence chaque dollar compte. C'est une question de survie au jour le jour. Il n'est pas certain que, d'un point de vue éthique, il soit préférable de garder l'argent du pétrole pour demain alors que les besoins d'aujourd'hui sont si pressants. Est-ce par ailleurs judicieux d'appliquer le « benchmark norvégien » – un pays riche avec une population de 5 millions d'habitants, une production de 1,5 million de barils par jour et un PIB* par habitant supérieur à celui des États-Unis – à un pays comme le Tchad – avec une population 3 fois plus élevée que celle de la Norvège, une production pétrolière 12 fois plus faible et un PIB par habitant parmi les plus bas du monde ? Rien n'est moins sûr.

En réalité, la question de la création d'un fonds pour les générations futures permet d'éviter d'affronter d'autres problèmes bien plus cruciaux pour les pays producteurs de pétrole, mais que les experts des institutions internationales feignent de ne pas voir, comme celui du partage inéquitable de la rente pétrolière entre le Tchad et les compagnies pétrolières étrangères (à la différence de la Norvège qui possède une puissante compagnie pétrolière majoritairement publique, le Tchad fait appel à des compagnies étrangères – Exxon-Mobil, Petronas, Chevron – pour exploiter son pétrole). C'est aussi un moyen détourné de sortir la gestion pétrolière jugée opaque des mains des chefs d'État africains accusés de corruption par les pays riches. Outre le fait que rien ne le justifie, le fonds pour les générations futures est également un symbole de l'hypocrisie et de la fausse bienveillance des institutions internationales à l'égard des pays en développement. Par exemple, lorsque les États-Unis ont vu leur production augmenter de 4 millions de barils par jour grâce au pétrole de schiste, bizarrement aucun expert n'est allé leur dire de créer un fonds pour les générations futures.

Voir* : Énergies fossiles, FMI

G

GAFAM (Google, Apple, Facebook, Amazon, Microsoft)

GAFAM

Acronyme désignant un ensemble d'entreprises dominantes de l'économie du numérique : Google, Apple, Facebook, Amazon et Microsoft. Les GAFAM concentrent autant la puissance financière et les excès du capitalisme qu'elles suscitent les inquiétudes. Elles symbolisent à la fois les entrepreneurs* à succès, la domination des firmes multinationales sur les États, l'évasion fiscale* et la rente monopolistique. Les questions que soulèvent les GAFAM embrassent une large série d'enjeux qui vont de l'économie à la démocratie.

Les GAFAM incarnent le capitalisme rentier et de nature oligopolistique où quelques acteurs dominent le marché et font tout pour se mettre à l'abri de la concurrence. Ces grandes firmes créent des barrières à l'entrée et rachètent constamment leurs concurrents. On se souvient du rachat d'Instagram par Facebook deux ans après sa création. La stratégie des GAFAM est de racheter les start-up innovantes pour maintenir leur domination. On parle d'acquisition tueuse, l'objectif étant d'acquérir l'entreprise au début de son développement pour empêcher la concurrence. Les GAFAM ont acheté plus de 700 entreprises depuis l'an 2000. Les autorités de certains pays ne voient pas d'un bon œil ces marchés oligolistiques. D'ailleurs, le 30 novembre 2021, l'Autorité de la concurrence britannique obligeait Facebook à revendre la plate-forme Giphy, l'un des plus gros distributeurs dans le domaine des GIF.

Les GAFAM interrogent également au niveau européen. L'incapacité du continent à construire de véritables géants du numérique capables de rivaliser avec les Américains soulève plusieurs questions, tant quant au manque de financement de l'innovation* et à la stratégie européenne que quant à la protection des utilisateurs. La création du marché unique* au niveau européen, les différentes coupes dans les dépenses publiques, notamment dans l'éducation et la recherche, n'ont pas permis de faire émerger des champions européens dans le digital. Avec les crises sanitaire et géopolitique, l'Union européenne mesure sa vulnérabilité et l'importance de ces différentes dépendances.

Les GAFAM sont aussi le symbole de l'optimisation fiscale. Tout le monde a été surpris de découvrir qu'Apple payait un impôt sur les sociétés de 0,005 % en Europe. Apple profite donc du premier marché mondial (500 millions de consommateurs plutôt riches) mais arrive par divers mécanismes (et grâce à la concurrence fiscale des pays européens entre eux) à payer moins d'impôts que n'importe quelle PME. La complaisance de nos dirigeants, mais également la frénésie des consommateurs qui font la queue des heures pour être les premiers à acheter le dernier iPhone, viennent probablement aussi du fait que nous n'avons pas un produit européen qui puisse concurrencer Apple sur notre marché. Le premier concurrent d'Apple est le Coréen Samsung (l'Europe n'a pas réussi à créer un concurrent mais un petit pays divisé en deux et en guerre y est parvenu, ça mériterait une très longue réflexion).

Enfin, les GAFAM sont aussi un enjeu démocratique car ces géants du numérique ont accès à des quantités jamais vues dans l'histoire de données personnelles. Les récents scandales, comme celui de Facebook en 2019, où pas moins de 267 millions de comptes avaient été hackés, ont alerté l'opinion publique. La protection des données est désormais devenue un enjeu central de nos sociétés contemporaines.

En résumé, les GAFAM ont transformé notre vie. Leur apport est indéniable (même si l'apport économique est souvent exagéré). Mais les trop grandes failles de la mondialisation contemporaine révèlent combien ces entreprises profitent de la part sombre de ce phénomène et en accentuent les traits les plus critiquables.

Voir* : Entrepreneur, Innovation, Métavers, NFT

H

Homme déconstruit
Homo economicus

Homme déconstruit

Homme libéré des comportements, caractéristiques ou rôles associés à son sexe : leader, musclé, viril, super-héros, etc. Cette expression a fait l'objet de moqueries sur les réseaux sociaux lorsque Sandrine Rousseau, candidate à la primaire des écologistes, affirma : « Je vis avec un homme déconstruit et j'en suis hyper heureuse. »

Pourtant, l'idée de déconstruction est loin d'être bête. Il en va de même concernant la « masculinité toxique » qui représente un coût énorme tant pour la société que pour les hommes eux-mêmes. Dans son livre *Le Coût de la virilité*, l'historienne Lucile Peytavin a calculé son impact financier. La chercheuse estime ce coût à plus de 95 milliards d'euros par an en France. Sa recherche a commencé lorsque, au cours de sa thèse, elle est tombée sur une statistique étonnante : 96 % de la population carcérale est composée d'hommes. Partant de ce chiffre, elle démontre comment les jouets, les jeux ou les films influencent les garçons en véhiculant des valeurs d'agressivité, de domination et de compétition. La conception par la société d'un héros aux attributs de puissance et de force a donc un impact sur la définition que nous nous faisons du « vrai homme » et entraînerait les comportements toxiques qui vont avec. De manière plus globale, il est temps de déconstruire un certain nombre de représentations. On n'arrivera pas à lutter contre le réchauffement climatique tant qu'on trouvera « cool » de passer des vacances à l'autre bout du monde ou de voir une star prendre un jet privé.

Voir* : Homo economicus, Récit

Homo economicus

Construction théorique d'un individu « maximisateur » dans les modèles de la microéconomie. Au-delà de son aspect purement théorique, cette représentation de l'individu va avoir un impact dans les débats grand public pour légitimer le discours qui présente l'individu comme seul responsable de son destin.

Les économistes* nous expliquent que, considéré comme un être « rationnel », un individu est motivé par des objectifs qu'il se fixe et que son but est de les « maximiser », c'est-à-dire de se donner toutes les chances de réussir. Tout au long de sa vie, l'individu, désigné aussi par le nom d'« agent », va donc devoir faire de bons arbitrages pour atteindre ses objectifs : arbitrage entre travail et études pour augmenter la valeur de son capital humain et donc son futur salaire sur le marché ; arbitrage entre travail et loisir pour pouvoir consommer, etc. Dans cette vision du monde, le destin d'un individu dépend donc de ses choix et il ne tient qu'à lui de faire les bons. S'il opte pour les bonnes études, il aura un emploi bien rémunéré. S'il préfère le travail aux loisirs, il pourra consommer davantage. Enfin, s'il est productif, alors son salaire augmentera. L'individu serait donc maître de son destin, et il ne tient qu'à lui de réussir.

Malheureusement, la réalité est bien plus complexe. Le déterminisme joue un rôle que cette vision de l'économie* ignore. L'économiste Keynes l'avait bien compris. Pour lui, tout est psychologique dans l'activité économique. Les connaissances des individus sont limitées et, de ce fait, ils agissent bien souvent en suivant les autres. Il parle d'esprits animaux et de comportements moutonniers. Le déterminisme imposé par la société, l'époque, les institutions, l'environnement social et la géographie dans lesquels évolue l'individu compte plus que ses choix individuels.

Voir* : Économie, Économiste, Entrepreneur

I

Inflation
Innovation
Irréformable
ISF (impôt sur la fortune)

Inflation

Augmentation des prix. Le problème n'est pas l'augmentation mais la vitesse à laquelle ils progressent en comparaison avec les revenus. Si les prix augmentent de 6 % et les salaires de 3 %, tout le monde s'appauvrit. C'est d'ailleurs ce qui se passe depuis la reprise d'activité post-Covid à laquelle s'est ajouté le conflit entre la Russie et l'Ukraine. La reprise de la demande, soutenue par les plans de relance, dans un contexte où l'offre était parfois perturbée en Asie à cause des confinements, a fait augmenter les prix de certains biens. Le conflit entre la Russie et l'Ukraine, toutes les deux productrices importantes de blé et l'une productrice considérable de pétrole et de gaz, a fait flamber les prix sur les marchés de l'énergie et des matières premières. L'augmentation des prix du carburant et des biens de consommation a fortement attaqué le pouvoir d'achat des classes moyennes et pauvres. Vu sous cet angle, l'inflation ne peut être qu'un mal à combattre.

Mais à l'inverse pour ceux qui ont emprunté pour une longue durée à taux fixe faible (p. ex. : 2 %), le retour d'une inflation forte (p. ex. : 6 %) entraîne une diminution importante du coût de leur emprunt... C'est ainsi qu'au cours des décennies 1960-1970 de nombreux ménages ont pu acquérir des biens immobiliers grâce à une inflation qui en moyenne à cette période oscillait autour de 5 % avec des pics supérieurs par moments.

Alors l'inflation est-elle une bonne chose pour l'économie ? Et à partir de quel niveau d'inflation doit-on s'inquiéter ? Il n'y a pas de consensus entre économistes* sur le niveau d'inflation souhaitable en dessous de deux chiffres. L'impact d'une inflation à 3 % ou à 6 % sur la croissance économique reste un mystère. Des économistes de l'université de Chicago ou du FMI* suggèrent qu'en dessous de 8 à 10 % le taux d'inflation n'a aucune corrélation avec le taux de croissance[30]. D'ailleurs, historiquement, les phases d'activité forte comme les Trente Glorieuses se sont accompagnées d'une certaine inflation. La présence de cette inflation a lissé les dettes et a donné le pouvoir aux débiteurs sur les créanciers.

Alors pourquoi les libéraux craignent-ils l'inflation ? Ils la craignent parce qu'elle entraîne de la grogne sociale qui va les amener, tôt ou tard, à augmenter les salaires. Ils agitent donc l'idée de la boucle prix-salaire (les prix augmentent puis les salaires puis les prix et ainsi de suite) qui amènerait à l'hyperinflation. Une situation dramatique que certains pays ont en effet connue, comme l'Argentine avec son taux d'inflation à 20 000 %. Mais l'inflation engendre rarement l'hyperinflation. L'hyperinflation résulte surtout d'une émission sans limites de la monnaie pour financer des dépenses de dirigeants pour s'approprier des pans entiers de l'économie ou pour favoriser tel ou tel groupe ou pour honorer de folles promesses, engendrant une perte totale de confiance dans cette monnaie. Et dans le cas de la France, qui d'ailleurs ne dispose plus de la capacité d'émission monétaire, avec 5 millions de chômeurs, nous sommes loin d'une économie en surchauffe. Il n'y a donc aucun risque d'hyperinflation.

La deuxième raison est que les détenteurs d'actifs n'aiment pas l'inflation car beaucoup d'actifs financiers ont des taux de rendement nominaux fixes donc l'inflation réduit leur rendement réel. La lutte contre l'inflation a donc toujours été perçue comme garante d'une certaine stabilité de l'économie autour de la modération salariale et des rendements assurés aux détenteurs d'actifs financiers. À l'inverse, pour la majorité de la population, la lutte contre l'inflation rime avec bas salaire, précarisation de l'emploi et hausse des inégalités. Par ailleurs, le fait de juguler l'inflation en Europe pendant plusieurs décennies n'a pas entraîné la croissance promise.

Pour conclure, l'inflation doit être surveillée, c'est une évidence. Mais elle ne doit pas être agitée comme un épouvantail quand il s'agit d'augmenter les bas salaires ou de mettre en place des plans de relance*. Or derrière la lutte acharnée contre l'inflation se cache souvent une volonté d'imposer un modèle économique qui en réalité satisfait majoritairement le patronat et les détenteurs d'actifs.

Voir* : Plan de relance

Innovation

Couteau suisse des économistes* libéraux et autres experts pouvant nous sauver de tout. Les innovations permettraient une croissance économique infinie ne tenant pas compte des contraintes écologiques. Mais de quelle innovation parle-t-on ? Tout le monde l'ignore mais, nous dit-on, il faut croire en l'humanité et se rappeler toutes les innovations qui ont amélioré notre quotidien (four, machine à laver, Internet…). « L'innovation sauvera le monde », nous rabâche-t-on, et cette innovation viendra forcément de l'entreprise privée. C'est malheureusement un peu plus compliqué que cela.

Nous sommes tous d'accord, l'innovation est un facteur important de notre économie. Elle a permis d'améliorer les processus de production et d'augmenter notre productivité*, ce qui a permis aux salariés de travailler moins tout en produisant plus. Elle nous a permis également d'avoir accès aux énergies, de nous déplacer et de mieux nous soigner. L'économiste autrichien Joseph Schumpeter (1883-1950) a mis l'innovation au cœur de sa théorie. Pour lui, cette dernière expliquerait les cycles longs de l'économie, à savoir cinquante ans en moyenne. Des grappes d'innovation viendraient faire souffler une sorte de tempête sur l'économie. On assisterait alors à ce qu'il appelle une destruction créatrice. Les anciennes innovations disparaîtraient au profit de nouvelles. Dans la foulée, des emplois seraient détruits et d'autres viendraient à naître. Dans cette perspective, la puissance des innovations rendrait par nature le système économique instable.

Les « théories néo-schumpétériennes » ont fait leur retour en force ces dernières années dans le sillage de la révolution numérique et des progrès de l'intelligence artificielle. Cela a nourri l'imaginaire de nos politiques et de certains experts qui se sont mis à rêver d'une start-up nation produisant des innovations à chaque instant. D'autres ont vu dans les innovations la possibilité de verdir le capitalisme pour que rien ne change. En somme si les abeilles viennent à disparaître et ne pollinisent plus, des drones le feront et ainsi de suite. L'innovation a dépassé sa fonction économique pour devenir un fourre-tout idéologique.

Enfin, il est important de rappeler que les innovations ne naissent pas dans la tête de super-entrepreneurs* mais dépendent souvent de l'État. Prenons le cas d'Elon Musk, ses entreprises – Tesla Motors, SolarCity et Space X – ont profité des investissements publics massifs du département américain de l'énergie dans les technologies liées aux batteries et aux panneaux solaires (profitant à Tesla Motors et à SolarCity) et ceux de la NASA pour la technologie des fusées (profitant à Space X). Par ailleurs, ses trois entreprises ont reçu ensemble un total de 4,9 milliards de dollars d'aides publiques à l'échelle locale, régionale et fédérale sous forme de subventions, remises d'impôts, investissements dans la construction d'usines et prêts subventionnés[31]. Cela devrait inciter nos dirigeants à se poser les bonnes questions sur la place de la puissance publique en matière de pilotage de l'innovation, ainsi que sur les opportunités d'investissement et les secteurs dans lesquels investir. Mais il faudra garder en tête que même l'économie la plus innovante ne pourra résoudre tous nos problèmes, et qu'il ne faut pas en faire un concept derrière lequel nous pouvons nous abriter indéfiniment pour nous empêcher de réfléchir à la viabilité de notre système économique.

Voir* : Entrepreneur, Récit

Irréformable

Adjectif souvent associé au mot France. La « France irréformable » est probablement le plus grand mensonge de ces trente dernières années. En réalité, notre pays a effectué de nombreuses réformes sans qu'elles rencontrent les succès espérés. Les experts pro-réformes font chaque fois comme si la réforme d'avant n'avait pas eu lieu, afin d'en réclamer d'autres. Une réforme en balaie une autre, toujours accompagnée du même discours stigmatisant à l'égard des Français, lesquels refuseraient de faire des efforts. « Les Français détestent les réformes », a dit Emmanuel Macron lors d'un déplacement à Bucarest. L'histoire montre qu'ils en ont pourtant accepté un certain nombre.

À partir de 1983, la France entame un virage économique qui la conduit à épouser les orientations du capitalisme dominant. C'est le fameux « tournant de la rigueur ».

Ainsi, le gouvernement de l'époque met en place une austérité budgétaire* qu'il justifie par la nécessité d'une monnaie forte, l'intégration européenne, la compétitivité, la mondialisation et la volonté de moderniser son appareil étatique. Il conduit une politique de « désinflation compétitive » reposant sur trois piliers : le franc fort, la réduction de la dépense publique* et la modération salariale. L'objectif étant de gagner en compétitivité pour soulager notre économie du poids de la contrainte extérieure.

L'Allemagne est alors désignée comme le modèle à suivre, et le franc doit tenir tête au mark, devise de référence. Ainsi, la France renonce aux dévaluations de sa monnaie (la dernière sera réalisée en 1987) et s'applique à lutter contre l'inflation*. Les salaires connaissent alors une modération sans précédent, puisque leur part dans la valeur ajoutée nationale subit un recul de dix points de pourcentage entre 1976 et 2008[32]. D'autres facteurs concourent au contrôle des salaires, comme le recours à l'emploi précaire – notamment l'intérim, déjà légalisé depuis 1972.

L'État modifie également la fiscalité* pour la rendre plus favorable aux entreprises. L'impôt sur le bénéfice des sociétés passe de 50 % à 33 %, selon l'idée du chancelier allemand Helmut Schmidt que « les profits d'aujourd'hui font les investissements de demain et les emplois d'après-demain ». Or la modération salariale réduit encore plus les débouchés des entreprises (par ailleurs déjà confrontées à la saturation des besoins) et, *in fine,* les incitations à investir. Le chômage augmente, entraînant une hausse de la dépense publique (alors même que le gouvernement cherchait à la réduire) et du déficit public*.

La France apporte également une contribution décisive à la financiarisation de l'économie. Comme le rappelle Rawi Abdelal, ce sont trois Français (Jacques Delors à l'Union européenne, Henri Chavranski à l'OCDE et Michel Camdessus au FMI*) qui ont proposé ou appuyé l'adoption de règles libérales pour leurs organisations respectives et ainsi permis l'accélération et l'augmentation de la libre circulation des capitaux[33]. Enfin, en 1987, l'arrivée au pouvoir de Jacques Chirac encourage un programme de privatisations* dans des domaines stratégiques (énergie, banques, etc.), l'arrêt de tout contrôle des prix et la suppression de l'autorisation administrative de licenciement pour accroître la flexibilité du marché du travail*.

En réalité, contrairement à l'idée reçue, la France a transformé son économie en profondeur. L'emploi s'est réduit de moitié dans le secteur public entre 1985 et 2000 ; les grandes entreprises publiques ont été privatisées totalement ou en partie à partir des années 1990 ; l'État stratège* s'est progressivement effacé ; les syndicats ont connu une baisse de leurs effectifs ; le taux de chômage et les inégalités n'ont cessé d'augmenter. La « France irréformable » est un mythe, par contre, l'impact négatif des réformes sur une grande partie de la population est une réalité.

Voir* : Austérité budgétaire, État stratège, Flexibilité du marché du travail, Réformes structurelles

ISF (impôt sur la fortune)

Impôt français appliqué aux contribuables les plus riches, soit ceux disposant d'un patrimoine net de plus de 1,3 million d'euros. Il concerne 1 % de la population, mais ce 1 % détient 25 % du patrimoine français. À en croire Emmanuel Macron et d'autres libéraux, il ferait fuir les plus riches. Mais plutôt que de modifier les réglementations fiscales afin que chacun paie ce qu'il doit où qu'il soit, comme c'est le cas aux États-Unis, Emmanuel Macron a tout simplement décidé de supprimer la part de l'ISF sur les placements financiers (le patrimoine mobile qui peut se placer sur des terres fiscales plus accueillantes). Cela représente une baisse de fiscalité de 4 milliards sur les plus riches pour leur éviter la tentation de partir – mais aussi parce que, nous dit-on, « les riches investissent ». Ce raisonnement, qui consiste à alléger la fiscalité sur les plus riches pour qu'ils investissent et restent en France, a été tellement répété par les lobbyistes du patronat qu'il apparaît comme une évidence. Les faits ont pourtant maintes fois démontré l'inverse.

Commençons par l'argument de la fuite. Les chiffres de l'administration fiscale montrent que les départs sont de l'ordre de 800 par an et les retours de 300, soit un solde de départs nets de 500 ménages (0,2 % des assujettis à l'ISF), pour un manque à gagner moyen s'élevant à 170 millions d'euros par an pour les finances publiques. C'est donc pour éviter de perdre 170 millions d'euros par an qu'Emmanuel Macron, avec sa réforme de l'ISF, a décidé d'en perdre 4 milliards. Comment ne pas y voir un cadeau aux plus riches ?

Quant à l'autre argument nous expliquant que la baisse de la fiscalité permettrait aux riches d'investir, il faut noter que lorsque l'épargne se dirige vers la Bourse, dans 99 % des cas elle permet l'acquisition d'actions déjà émises. Cet argent ne profite donc pas aux entreprises mais au précédent détenteur d'actions qui les revend. D'ailleurs, trois rapports du comité d'évaluation de la réforme ont montré à ce jour une absence de corrélation directe entre la modification de l'ISF et une hausse de l'investissement ou des créations d'emploi. Cela n'a pas empêché Emmanuel Macron, lorsqu'il était en campagne pour l'élection de 2022, de présenter cette réforme comme un succès. La force du récit* est que même lorsque la réalité le dément, il estime que c'est elle qui a tort.

Voir* : Récit

L

Libéralisation des marchés de l'énergie
Libre circulation des capitaux
Libre-échange

Libéralisation des marchés de l'énergie

L'ouverture à la concurrence des marchés de l'énergie visait à casser les monopoles publics et à permettre l'apparition de nouveaux concurrents afin de faire baisser les prix. Cette libéralisation a été soutenue par de nombreux économistes et politiques. Pourtant, les résultats ont été à l'inverse de ce qui avait été prédit.

Prenons le cas du Royaume-Uni qui a souvent été mis en avant comme « exemple à suivre » par la Commission européenne. Le processus de libéralisation a donné naissance à un oligopole de six entreprises se partageant le marché en l'absence de toute menace concurrentielle crédible. Elles exercent donc collectivement un pouvoir sur les prix. Les travaux de Raphael Homayoun Boroumand montrent que, sur la période 2003-2010, les baisses de prix amont (prix spot[34]) sont faiblement répercutées à l'aval (prix de détail). *A contrario*, les hausses de ces mêmes prix spot sont intégralement et systématiquement répercutées sur la facture des consommateurs britanniques[35]. En tendance, depuis l'ouverture à la concurrence, les prix qui étaient supposés baisser (c'était la promesse justifiant la libéralisation des marchés de l'énergie) ont augmenté.

Le constat est le même en France et la libéralisation a donné lieu à une usine à gaz législative pour en corriger les méfaits. Historiquement, les prix du gaz et de l'électricité étaient fixés par les pouvoirs publics, notamment pour protéger le consommateur. À partir des années 2000, il a été offert aux consommateurs la possibilité de quitter les tarifs réglementés d'EDF pour des offres de marché (les prix de marché devant être inférieurs à ceux réglementés par EDF puisque, en théorie, la concurrence est supposée les faire baisser). De rares consommateurs ont tenté l'aventure. À partir de mi-2005, les prix de marché dépassent fortement les tarifs réglementés, entraînant la colère de ceux qui les avaient quittés pour bénéficier des prétendus « bienfaits » de la libéralisation. En 2006, la classe politique répond au mécontentement des usagers et met en place le TARTAM (tarifs réglementés transitoires d'ajustement au marché) qui permet aux consommateurs professionnels qui avaient quitté les tarifs protégés d'y revenir. La libéralisation des marchés de l'énergie est l'exemple parfait des dégâts causés par l'application, partout et en tout temps, d'une idéologie. Malgré les conséquences désastreuses des premiers effets de la libéralisation, certains jugent que le problème n'est pas l'ouverture à la concurrence mais le fait de ne pas avoir été assez loin dans cette ouverture...

Voir* : État stratège, Récit

Libre circulation des capitaux

La libre circulation des capitaux a été érigée en Europe au rang de liberté fondamentale lors de l'adoption du marché unique* de 1986. Ainsi, les capitaux peuvent s'installer là où ils le souhaitent sans restriction. Concrètement, cela signifie qu'une firme multinationale peut domicilier son siège et ses activités où bon lui semble. Le chantage à la délocalisation pratiqué par certaines entreprises pour demander des baisses de fiscalité* ou de réglementations (comme la loi travail), la concurrence fiscale et sociale entre États européens pour attirer les entreprises sont autant de conséquences de la libre circulation des capitaux.

Désormais, en Europe, la concurrence fiscale et sociale bat son plein, l'impôt sur les bénéfices des sociétés a littéralement fondu, l'Union compte cinq paradis fiscaux en son sein et l'optimisation fiscale des grandes entreprises est devenue une activité normale. Le résultat pour la majorité des citoyens européens est la mise en concurrence entre travailleurs, une perte de rentrées fiscales et donc une dégradation des services publics, une injustice fiscale entraînant une concurrence déloyale entre entreprises puisque les moins mobiles d'entre elles (en l'occurrence les TPE-PME) finissent par subir une pression fiscale plus élevée que les multinationales.

Voir* : Évasion fiscale, Marché unique

Libre-échange

En économie, le libre-échange ne signifie que l'interdiction de protection : interdiction pour un État de protéger sa production, ses emplois, ses habitants, ses normes de consommation, sa sécurité, sa culture. Ceux qui le prônent se présentent souvent comme des défenseurs du monde libre. À les croire, le libre-échange serait synonyme de croissance, d'emploi, de liberté, de développement, tandis que le protectionnisme* incarnerait le repli sur soi, la montée des extrêmes, le retour en arrière.

Pour les économistes* classiques, le libre-échange entre pays est mutuellement avantageux à partir du moment où chacun se spécialise dans les productions où il a un avantage à l'export (c'est-à-dire un coût de production moins cher).

Le commerce international permettrait donc aux pays de se développer puisqu'ils pourraient bénéficier des productions d'autres pays tout en exportant les leurs. Mais ce qu'oublient de préciser les défenseurs du libre-échange (et, *in fine*, de la mondialisation), c'est que l'échange est inégal entre pays riches et pays pauvres car toutes les spécialisations ne se valent pas. Se spécialiser dans des industries à haute technologie n'équivaut pas à se spécialiser dans la production d'arachides ou de cacao. La mondialisation enferme les pays en développement* dans les exportations de matières premières (c'est leur avantage à l'export), matières premières souvent produites par des multinationales et dont les prix sont très volatils car déterminés sur les marchés financiers. L'ouverture trop rapide de leurs économies les condamne à importer des biens et freine le développement de leur industrie (pourquoi un pays chercherait à produire un bien s'il peut l'acheter moins cher à un autre ?).

En résumé, le libre-échange n'a rien d'une formule magique qui profiterait à tout le monde, c'est avant tout un échange déséquilibré qui profite à celui qui est en position de force (en l'occurrence les pays riches au XXe siècle). Il a aussi des conséquences désastreuses sur tous les secteurs subissant les importations des pays étrangers. Le libre-échange se fonde sur la promotion autant des exportations que des importations, il fait donc des gagnants et des perdants également à l'intérieur même de chaque pays.

Voir* : Avantages comparatifs, Microcrédit, Pays en développement

M

Main invisible
Marché
Marché du carbone
Marché unique
Métavers
Méthode expérimentale en économie
Microcrédit
Miracle allemand
Modèle social
Multiplicateur

Main invisible

Expression de l'économiste britannique Adam Smith (1723-1790) pour justifier la poursuite par chacun de ses intérêts égoïstes, lesquels contribueraient *in fine* à l'intérêt global. Ce serait donc grâce à une « main invisible » que l'intérêt personnel des gens se transformerait en bien commun. Adam Smith l'explique avec cette phrase devenue célèbre : « Ce n'est pas de la bienveillance du boucher, du brasseur, ou du boulanger que nous attendons notre dîner mais plutôt du soin qu'ils apportent à la recherche de leurs propres intérêts. » Rien n'est demandé au boucher, ni au client, qui en œuvrant pour leurs intérêts servent les intérêts de la société. Inutile donc de trop intervenir dans l'économie qui se régule d'elle-même. La régulation naturelle des marchés est une des thèses fondamentales des libéraux. Cependant il ne faut pas oublier qui se cache derrière « le marché* ». Il arrive qu'un petit nombre d'acteurs aient un pouvoir de marché énorme. N'oublions jamais la mise en garde du même Adam Smith : « Il est rare que des gens du même métier se trouvent réunis, fût-ce pour quelque partie de plaisir ou pour se distraire, sans que la conversation finisse par quelque conspiration contre le public, ou par quelque machination pour faire hausser les prix. »

Voir* : Marché

Marché

Mot que l'on entend souvent mais dont le sens échappe à beaucoup. Il apparaît tantôt comme une force redoutable (« C'est le marché qui décide ») ou comme un juge qui choisit quelle entreprise a le droit d'y rester ou pas (« Il faut s'adapter au marché ou mourir ») ou encore comme un principe de régulation de l'économie (« C'est la loi du marché »). Il est souvent cité dans des rapports comme pourvoyeur de solutions sans que l'on puisse concrètement percevoir de quoi il s'agit, comme lorsque la Commission européenne soutenait dans son *livre vert* que c'était « au marché de trouver des solutions » !

Le marché, tel qu'on l'apprend au lycée, serait le lieu de rencontre entre l'offre et la demande qui établirait un prix associé à une quantité. Si le prix proposé par l'offre est trop élevé, alors il ne trouvera pas de demande jusqu'à ce qu'il baisse. À l'inverse, les consommateurs ne pourront pas exiger un prix qui ne permette pas aux producteurs de payer ses coûts, sinon à terme l'offre disparaîtra. Enfin, il n'y a pas un marché mais des marchés en fonction des biens et des services, comme le marché du travail, de l'immobilier, du pétrole, du blé…

Derrière le concept abstrait de marché utilisé à toutes les sauces, il faut bien comprendre que se cachent des agents qui entretiennent entre eux des rapports de force. Le marché n'a rien d'objectif. Par exemple, c'est impossible d'évoquer le marché du numérique sans tenir compte des célèbres GAFAM* qui règnent en rentiers dans leurs domaines. Or il n'est pas sûr que l'intérêt des GAFAM – qui pratiquent de l'optimisation fiscale tout en récoltant nos données – soit aligné sur l'intérêt de la société.

Le marché peut également être (mal) façonné par l'État sous la pression de lobbies industriels. Ainsi la libre circulation des capitaux* – horizon indépassable de notre temps – a été rendue possible par l'État, tout comme la déréglementation financière entraînant de moins en moins de contrôle et de plus en plus de voracité de la part des financiers, au mépris des règles de prudence et même parfois des règles juridiques. Le rôle de l'État, ces dernières années, a été de faciliter les dérives de certains acteurs économiques plutôt que de les encadrer.

Le marché n'a donc rien de naturel. Des rapports de force peuvent y opposer travailleurs et entrepreneurs, des associations peuvent se former entre producteurs pour augmenter les prix ou cacher des informations sur la production, enfin des politiques peuvent y intervenir pour aider certaines industries. Le monde économique n'est pas une mécanique bien réglée. C'est un monde âpre, déséquilibré, fait d'embardées et de crises.

Voir* : Évasion fiscale, GAFAM, Libre circulation des capitaux, Main invisible

Marché du carbone

Solution au dérèglement climatique selon les libéraux. La logique est la suivante : comme le prix des biens (fixé par le marché*) n'incorpore pas les dégâts sur l'environnement et le réchauffement climatique, il faut leur ajouter un prix du carbone déterminé par un autre marché. Les défaillances du marché doivent être réglées par un autre marché. Ainsi, si les modes de production sont polluants en

Europe, il faut donc créer un marché du carbone européen afin de donner un prix aux émissions de gaz à effet de serre et rendre plus chères les activités polluantes. Ce prix du carbone inciterait les entreprises à se diriger vers des modes de production moins polluants.

Ce type de théorie est responsable d'une perte de temps considérable dans la lutte contre le réchauffement climatique. Plutôt que de limiter, voire, à terme, d'interdire les activités les plus polluantes, on s'est borné à des mesures incitatives. Le projet consistait à définir par pays des plafonds d'émissions de carbone pour les entreprises et secteurs polluants. Ensuite, par le jeu du marché, il était possible pour les entreprises les plus polluantes d'acheter les quotas d'entreprises qui émettent moins que leur plafond autorisé. Et comme les quotas d'émissions ont été surévalués – grâce à un lobby efficace –, le prix du carbone a fortement chuté. Alors que le principe de ce marché était d'inciter les entreprises à réduire leurs émissions, il n'a été qu'un outil pour les encourager à ne pas changer. La construction du marché du carbone européen nous rappelle combien un marché est avant tout une construction humaine dans laquelle œuvrent des rapports de force sous-jacents. Elle nous montre également le manque de courage de nos dirigeants politiques qui, plutôt que de prendre des décisions, préfèrent s'en remettre à un marché (qui est une construction humaine avec des lobbies qui l'influencent).

Voir* : Déni climatique, Libéralisation des marchés de l'énergie, Marché

Marché unique

Pièce centrale dans la construction européenne, le marché unique repose sur quatre libertés – libre circulation des personnes, des biens, des services et des capitaux – avec comme mode de régulation la libre concurrence. La base de l'Union européenne est donc la création d'un marché permettant la mise en concurrence des entreprises, des États et des citoyens. Ce n'est pas un espace qui a été créé pour mettre les Européens à l'abri des aléas du monde ou permettre une convergence vers le haut de nos modèles sociaux ou de nos systèmes de soins. Il est important de le rappeler parce que, partant de ce postulat, il est parfaitement normal de critiquer l'Europe (tel qu'elle est en l'état). Ne pas le faire, c'est accepter la loi du marché comme mode de régulation.

Au départ, l'Union européenne était tiraillée entre deux voies : l'une plus interventionniste et l'autre plus confiante dans le marché. Lors des négociations concernant le marché unique, l'European round table – un puissant lobby du patronat – était divisé sur la voie à suivre. Une partie de ses membres défendait l'idée que le marché unique devait être un espace de concurrence, l'autre partie prônait la création de champions européens en les protégeant, ne serait-ce que temporairement, de la concurrence mondiale (type Airbus mais élargi à tous les champs : énergie, transports, etc.). C'est Jacques Delors qui fera pencher la balance en faveur de la concurrence.

Des lors, la construction du marché unique s'est appuyée sur les théories vantant les bienfaits du libre-échange* et de la concurrence. La mise en place institutionnelle de cette concurrence « libre et non faussée » a ouvert la porte à toutes sortes de stratégies non coopératives entre États européens, allant de la baisse de la fiscalité* à la modération salariale, en passant par le dumping social et environnemental.

Trente ans plus tard, la dynamique initiée par le marché unique n'a fait que s'amplifier avec la monnaie unique et l'ouverture du marché européen aux échanges mondiaux (notamment via les traités de libre-échange de nouvelle génération*). Le bilan n'est pas très glorieux : les pays se sont engagés dans une course à la modération salariale ; les pays du Sud ont connu une désindustrialisation* importante ; l'Union compte cinq paradis fiscaux ; l'austérité budgétaire* a été appliquée à partir de 2011, transformant la crise venant des États-Unis en crise de la zone euro* ; l'Union européenne est la zone du monde la moins couverte par des tarifs douaniers ; aucun pays européen n'est aligné sur l'accord de Paris*.

Voir* : Europe sociale, Évasion fiscale, Traités de libre-échange de nouvelle génération, Zone euro

Métavers

Vie virtuelle, le métavers sera le prolongement de ce que nous vivons aujourd'hui avec les réseaux sociaux : le débordement, si ce n'est le dépassement, de la vie imaginaire sur la vie réelle. Chaque année, le temps passé dans le monde virtuel augmente. Aux États-Unis, les jeunes de 8 à 12 ans consomment déjà en moyenne 4 h 44 par jour de médias numériques, les jeunes de 13 à 18 ans passent 7 h 22 par jour devant leur écran (rapport de Common Sense Media publié en 2019). Si l'on suppose qu'une journée représente une quinzaine d'heures éveillées, alors un adolescent américain passerait quasiment la moitié de son temps dans un monde virtuel. En 2022, outre-Atlantique, le temps passé dans un monde virtuel a probablement déjà dépassé le temps passé dans la vie réelle. Cela a des conséquences concrètes dans les rapports humains et dans la manière de vivre en vie réelle. Par exemple, sur la séduction, l'arrivée des applications de rencontre a complètement inversé la hiérarchie des rapports humains. Traditionnellement, le rapport humain était la première pièce de l'édifice de la séduction, aujourd'hui il est secondaire, supplanté par le digital. De nos jours, en fonction des applications, on commence par un « like », puis un « match », suivi d'une vérification « de la marchandise » sur les profils Facebook ou Instagram. Viendront ensuite une conversation téléphonique et un rendez-vous. La séduction débute dans « la vie virtuelle » pour finir dans « la vie réelle ». C'est important de constater combien, année après année, la seconde vie virtuelle (celle des réseaux sociaux et des applications) a pris le pas sur la vraie vie. En réalité, nos esprits semblent prêts à accueillir sans aucune opposition – et même plutôt avec joie – ces casques de réalité virtuelle qui pourront nous permettre de vivre tout – du saut en parachute aux visites de musée à l'autre bout du monde –

tout en restant dans son salon. Le métavers sera le triomphe de la vie par procuration plutôt que la vie vécue.

Voir* : GAFAM, NATU, NFT

Méthode expérimentale en économie

Souvent utilisée en médecine ou en biologie, la méthode expérimentale en économie consiste à tester l'efficacité d'une mesure de politique économique sur deux populations similaires – une soumise à la mesure, l'autre non. Ainsi, il serait possible de tester l'impact d'une baisse du SMIC sur l'emploi en prenant deux départements français et en appliquant la mesure dans l'un des départements (le groupe test) puis en ne la mettant pas en œuvre dans l'autre (le groupe de contrôle). Ces expériences naturelles permettraient d'avoir des résultats incontestables et mettraient fin à des débats qui relèveraient plus de l'idéologie que de la science. C'est la thèse soutenue par deux économistes*, Pierre Cahuc et André Zylberberg, dans un essai intitulé *Le Négationnisme économique – Et comment s'en débarrasser*.

Mais la méthode expérimentale en économie fait l'objet de débats dans la communauté scientifique. D'abord sur la méthodologie, l'économiste Angus Deaton, prix Nobel d'économie 2015, avance un certain nombre de limites techniques. Dans un article scientifique, il affirme : « Je soutiens que les expériences n'ont pas de capacité particulière à produire des connaissances plus crédibles que d'autres méthodes, et que les expériences réalisées sont souvent sujettes à des problèmes pratiques qui minent toute prétention à une supériorité statistique ou épistémologique[36]. » Ensuite, même les résultats tirés de cette méthodologie peuvent être sujets à controverse. Ainsi, sur l'effet des 35 heures sur l'emploi, deux économistes, Matthieu Chemin et Étienne Wasmer, ont publié en 2009 un article dans la prestigieuse revue scientifique *Journal of labor economics*. Dans cet article, ils réalisent une expérience en comparant la situation de l'Alsace-Moselle – qui, du fait du droit local, compte deux jours fériés de plus – avec le reste de la France. Ils montrent que la baisse significativement plus faible du temps de travail en Alsace-Moselle par rapport au reste de la France n'a pas été accompagnée par une hausse du chômage, ni par un niveau moindre de créations d'emplois. Les auteurs concluent donc que la réduction du temps de travail n'a pas d'effet sur l'emploi. Mais selon Olivier Godechot, directeur de recherche au CNRS, les auteurs avaient commis non seulement une importante erreur de code informatique sur une variable clé – la taille des entreprises –, mais, en outre, ils avaient omis de considérer que de nombreux résidents de l'Alsace-Moselle travaillaient en Allemagne, au Luxembourg ou en Belgique. Dans un commentaire de l'article publié sur son site, Olivier Godechot écrit : « Notre propre travail jette des doutes sur la validité de cette expérience naturelle[37]. » Matthieu Chemin et Étienne Wasmer ont reconnu leur erreur de codage ainsi que la non-prise en compte des frontaliers, mais maintiennent sur plusieurs pages d'un nouvel article que cette erreur et ce parti pris n'affectent en rien les résultats de leurs travaux.

La morale de cette histoire est que même les résultats d'expériences publiés dans des revues scientifiques font l'objet de débats entre économistes. Dans ces conditions, parler de « consensus scientifique » en économie, de « vérités » ou de « certitudes » est une hérésie. Les travaux scientifiques offrent des résultats intéressants mais imparfaits parce qu'ils dépendent d'hypothèses, de choix de variables et du contexte (spatial, social ou culturel). Les controverses en économie sont donc normales et challenger des résultats économiques est même la base du métier de chercheur.

Voir* : Atterrés (économistes), Économie, Économiste

Microcrédit

Microfinancement destiné aux entrepreneurs* des pays pauvres ne leur permettant que de réaliser des microprojets. Le microcrédit a reçu un accueil enthousiaste de la part des élites qui y voyaient un moyen de sortir les pays pauvres du sous-développement. La création de richesses étant supposée dépendre des entrepreneurs, il fallait les aider financièrement, mais comme les entrepreneurs des pays en développement* n'ont pas l'esprit d'entreprise des entrepreneurs des pays riches, les banques hésitaient à prendre le risque de leur octroyer des prêts importants, d'où ce microcrédit leur permettant de tenter leur chance.

En réalité, ce n'est pas l'esprit d'entreprise qui manque dans les pays pauvres. Les habitants n'ont pas de grandes entreprises nationales qui les emploient (ils travaillent souvent pour des multinationales dans des postes peu qualifiés rémunérés faiblement) ; ils n'ont pas accès à des financements pour monter leur entreprise (sauf précisément le microcrédit) ; lorsqu'ils sont fonctionnaires*, les salaires sont souvent faibles et payés avec du retard ; alors, pour combler ces défaillances institutionnelles, ils développent en parallèle un entreprenariat de survie avec une ingéniosité impressionnante. Garde de place de parking, surveillance de véhicules, réparation de tous types d'objets, service à la personne en tout genre... Aucun espace de l'économie n'est délaissé et tout ce qui peut rapporter quelques dollars est sujet à la création d'un service. L'esprit d'entreprise est poussé à son maximum, malheureusement aucun des entrepreneurs de ces pays ne deviendra le nouvel Elon Musk. Pas parce qu'il n'a pas la même intelligence mais tout simplement parce qu'il ne dispose pas des mêmes organisations et institutions qui pourraient lui permettre d'avoir accès à la formation, aux ressources financières nécessaires et à un environnement économique adéquat. Warren Buffet disait très justement à cet égard : « Personnellement, je pense que la société est responsable d'un pourcentage significatif de ce que j'ai gagné. Plantez-moi au milieu du Bangladesh, du Pérou ou d'ailleurs, et vous verrez ce qu'est réellement capable de produire mon talent dès lors qu'il lui faut s'exercer sur le mauvais type de sol !

Dans trente ans je serais encore en train de lutter[38]. »
L'esprit d'entreprise ne fait pas tout. En tout cas, il ne suffira pas à développer des pays pauvres.

Voir* : Entrepreneur, Pays en développement

Miracle allemand

Nouveau modèle défendu par les élites intellectuelles françaises, à égalité avec le modèle suédois, depuis qu'elles ont abandonné les modèles américain et anglais. Il est vrai que l'Allemagne affiche un excédent budgétaire et un excédent commercial, et que sa dette est revenue à son niveau de 2005. Trois indicateurs qui font rêver les politiques et certains intellectuels depuis que la politique se résume uniquement à agiter de beaux chiffres comme preuve d'efficacité.

Avec l'arrivée de l'euro, l'Allemagne s'est mise à pratiquer une très forte modération salariale, et les entreprises des pays exposées à la concurrence des produits allemands ont dû suivre. Cette compétition s'est traduite par de nombreuses dévaluations fiscales (baisse des impôts) et internes (modération des salaires). Plutôt que de dénoncer ces pratiques non coopératives, nos dirigeants ont constamment cherché à s'aligner sur la position allemande. Le pacte de responsabilité et de solidarité de François Hollande – offrant une baisse de charges aux entreprises – avait comme objectif principal de rendre le coût du travail plus faible en France qu'en Allemagne. Idem lorsque Emmanuel Macron, en 2017, avançait qu'il fallait faire des réformes pour être crédible face à l'Allemagne.

Pourtant, le revers de la médaille du modèle allemand n'est pas glorieux. L'Allemagne est l'un des pays de l'OCDE où les inégalités ont le plus progressé entre 2000 et 2010, le taux de pauvreté y a augmenté de plus de 50 %, le taux de travailleurs pauvres a doublé, les personnes cumulant deux emplois ont augmenté de 80,7 % et le nombre de retraités pauvres de 30 %. Enfin, le manque d'investissement de l'État a engendré une dégradation des infrastructures publiques. L'Allemagne est en fait un pays riche avec beaucoup de pauvres. Le pays compte plus de 3 millions de retraités pauvres (contre 1 million en France). Plutôt qu'être érigée en modèle, la stratégie allemande, non coopérative et basée sur le nivellement par le bas du coût du travail, devrait être dénoncée par les dirigeants européens.

Voir* : Marché unique, Zone euro

Modèle social

Le modèle social est représenté par un ensemble d'institutions et de législations qui ont pour but de protéger les Français des aléas de l'existence. On peut en identifier deux grands piliers : les services publics et la protection sociale. Il englobe donc des pans aussi larges que l'accès à la santé, l'éducation, la retraite, les allocations chômage, le salaire minimum ou les aides sociales*.

Mais ce modèle social est financé par l'impôt et les cotisations sociales. Il apparaît dès lors pour certains comme un carcan freinant le dynamisme économique et il faudrait faire des réformes structurelles* associées à de l'austérité budgétaire* pour, soi-disant, le préserver sur le long terme. Pour d'autres encore, il inciterait à la paresse, voire à la fraude car il serait trop généreux.

Pourtant, les chiffres montrent qu'un « bon modèle social » permet de réduire les inégalités. L'économiste Lucas Chancel montre que les inégalités actuelles dans les pays de l'OCDE sont 40 % plus élevées qu'elles ne l'auraient été si le niveau de redistribution (impôts et transferts sociaux) était resté le même qu'il y a trente ans. Les comparaisons internationales montrent également que les inégalités ont augmenté plus fortement là où les taux d'imposition ont le plus baissé (aux États-Unis et au Royaume-Uni)[39]. Or, comme le montrent plusieurs études, les inégalités sont plutôt néfastes pour la croissance économique[40]. D'ailleurs, les comparaisons internationales ne révèlent pas de corrélation entre le niveau de prélèvements obligatoires et celui de la croissance.

La récente crise du Covid-19 nous a rappelé l'importance de notre modèle social. L'hôpital, malgré des années de suppressions de lits, d'économies, de modération salariale et de réorganisation, a su affronter la crise avec détermination et le chômage partiel a permis de maintenir le pouvoir d'achat d'une grande partie des Français. En réalité, tout ce qu'Emmanuel Macron voulait réformer (réforme de l'assurance chômage) ou affaiblir (économies sur l'hôpital) est ce qui a sauvé la majorité des Français pendant cette crise.

Voir* : Dépense publique, Fiscalité, Fonctionnaire

Multiplicateur

Principe expliquant qu'une variation de la dépense publique* provoquera une variation plus élevée de la production. L'enchaînement est le suivant : une hausse de l'investissement entraîne une hausse de la production qui entraîne à son tour une hausse des revenus (grâce aux nouvelles embauches) qui entraînera une hausse de la consommation, qui, elle-même, amènera une nouvelle hausse de la production. Le multiplicateur est le principe qui atteste l'efficacité d'une politique de relance.

Cependant, pour les libéraux, le multiplicateur ne fonctionne pas parce que les productions ne se font plus en France mais à l'étranger. La relance profiterait donc plutôt aux pays auxquels nous achetons des biens. Par conséquent, c'est là-bas que les emplois seraient créés. Avec la mondialisation, l'effet multiplicateur disparaîtrait. Dans le prolongement de ce raisonnement, nous pouvons également diminuer les dépenses publiques sans impact majeur sur le PIB* puisque le multiplicateur est nul.

Ce raisonnement est parfaitement faux et a eu des conséquences majeures, notamment sur la destruction de l'économie grecque* (rappelons que, dans le cas de la Grèce, Olivier Blanchard, chef économiste du FMI*, a reconnu lui-même avoir sous-estimé les multiplicateurs budgétaires et donc l'impact négatif de l'austérité sur la production). Certes l'ouverture des économies a fait diminuer la valeur des multiplicateurs mais cette valeur reste encore supérieure à 1 en France (elle était à 1,39 en 2010). Et elle l'est d'autant plus en période de crise et encore plus si l'État choisit des activités non délocalisables (comme l'éducation, l'hôpital ou la rénovation des bâtiments) et des entreprises nationales sous diverses conditions (auxquelles il peut adresser de la commande publique). Une politique de relance efficace nécessite donc un État stratège* qui sélectionne les entreprises et les secteurs avec des multiplicateurs élevés.

Voir* : État stratège, Dépense publique, Destruction de l'économie grecque, Plan de relance

N

NATU (Netflix, Airbnb Tesla, Uber)
NFT (Non fungible token)
NINJA (No Income, No Job and Asset)

NATU

Encore un acronyme des industries du numérique qui a été créé pour désigner Netflix, Airbnb Tesla et Uber. À côté des GAFAM*, bien connus, ces entreprises ont connu une forte croissance depuis leur naissance en 2010 (Tesla est née quelques années plus tôt). Elles sont une preuve supplémentaire de la domination américaine. Ces entreprises sont différentes et n'opèrent pas dans les mêmes secteurs. Mais elles ont de nombreux points communs : premièrement, leur business modèle est en rupture avec ce qui se fait traditionnellement dans leur champ d'exercice ; deuxièmement, leur objectif est de supplanter à terme les acteurs traditionnels ; troisièmement, elles jouissent d'une confiance quasi aveugle des investisseurs et des banques qui les soutiennent, même si elles perdent des milliards (par exemple, Tesla, depuis sa création, enchaîne les pertes nettes année après année).

Elles incarnent à la fois la modernité et la réussite (la fameuse « start-up nation » rêvée d'Emmanuel Macron) mais également le contournement des protections du salariat traditionnel (« l'ubérisation de l'économie » également théorisée par Emmanuel Macron). Le digital a tellement aveuglé investisseurs et commentateurs que beaucoup n'ont pas vu qu'il était la courroie de transmission du nivellement vers le bas des protections salariales et représentait un secteur très polluant, pour des améliorations en qualité de vie des usagers parfaitement négligeables.

Voir* : Entrepreneur, GAFAM, Innovation

NFT (Non fungible token)

Certificat d'authenticité virtuel associé à une œuvre d'art virtuelle. Les NFT ne sont que la suite logique d'un monde où les limites entre le virtuel et le réel sont de plus en plus floues.

Que ferait aujourd'hui l'acquéreur d'une œuvre d'art ? Il s'empresserait probablement de la prendre en photo avec son smartphone, puis mettrait plausiblement cette photo en fond d'écran ou en photo de profil, enfin il l'enverrait à ses contacts ou la posterait sur les réseaux sociaux. L'œuvre d'art passerait naturellement de la réalité au digital. Les NFT offrent la possibilité de supprimer un intermédiaire important : l'œuvre d'art dans le réel. Plus de transports, plus d'alarme antivol, de barrières d'un mètre autour, d'assurance tous risques, l'œuvre d'art n'existe plus, elle n'a pas de réalité au sens propre, elle n'est qu'un codage informatique. Néanmoins, elle reste un signe extérieur de richesse. Quand Eminem s'offre un NFT d'une valeur de 450 000 dollars, un item de Bored Ape Yacht Club, il le met directement en photo de profil sur son compte Instagram.

Cette siliconisation de l'art a été possible par le fait que depuis des siècles la valeur d'une œuvre d'art n'est pas due à ses attributs réels mais à son authenticité qui garantit son caractère unique. Rien n'échappe au marché du digital dont le but est d'en finir avec les contraintes matérielles et d'imposer le règne de l'illimité : avoir 10 000 amis virtuels sur Instagram plutôt que cinq dans la vraie vie, se balader avec sa bibliothèque partout plutôt qu'un livre à la main, disposer d'un catalogue numérique plutôt que d'une bibliothèque municipale. Éliminer le réel, tel est l'objectif des entrepreneurs* du digital qui voudraient que notre seule fenêtre sur le monde soit un petit écran (payant et permettant de nous bombarder de publicités). Les NFT reflètent cette digitalisation de la société mais leur succès dans le monde de l'art s'explique également par cette obsession pour la notion d'authenticité. Peu importe que l'image circule sur le net et que tout le monde, par une simple capture d'écran, puisse se la procurer et jouir du même plaisir que vous (celle de la contempler sur un petit écran de smartphone), ce qui fait la valeur de l'œuvre, c'est le certificat d'authenticité qui fait office de titre de propriété. L'œuvre d'art est à vous, tout le monde peut la voir sans l'avoir. Cela relève d'une forme d'égalité, pour le détenteur comme pour le spectateur, car il n'y aura qu'une seule façon d'admirer l'œuvre d'art : par l'intermédiaire d'un écran, sous un seul angle, sous une seule lumière, avec de l'électricité, du WiFi, une bonne connexion Internet, avec l'impossibilité de la toucher voire de la sentir. C'est sûrement son seul avantage compte tenu du caractère énergivore – donc extrêmement polluant – et peu régulé des NFT.

Voir* : GAFAM, Métavers

NINJA

Prêt immobilier aux États-Unis. Bien pire que le subprime – qui concernait déjà les ménages pauvres en incapacité d'honorer d'anciens crédits –, le NINJA (No Income, No Job and Asset) s'adressait aux individus n'ayant pas de revenu, pas de travail, ni de patrimoine. Comment peut-on octroyer un emprunt immobilier à quelqu'un qui n'a aucun moyen de le rembourser ? En pariant là encore sur la hausse des prix de l'immobilier. La banque sait que l'emprunteur ne remboursera jamais mais elle fait le pari que le bien qu'il achète grâce à son emprunt vaudra bien plus dans deux ans, quand elle le saisira pour le revendre. Au final, avec le NINJA, tout le monde était supposé y gagner : le pauvre sans emploi, ni revenu, ni patrimoine pouvait acheter une maison (pour une courte durée) ; la banque, après l'avoir récupérée, la revendait à un prix supérieur deux ans après ; le marché de l'immobilier était soutenu par le crédit et les agents immobiliers faisaient beaucoup de transactions. Mais ce petit jeu a eu une fin tragique que nous connaissons tous : la crise des subprimes*.

La morale de cette histoire est que les dirigeants américains, plutôt que d'augmenter les salaires, ont préféré laisser les banquiers inventer toute sorte d'instruments et de montages financiers pour que les plus pauvres puissent consommer. Au final, l'endettement privé de ces ménages a entraîné la crise, les banques ont été sauvées par l'argent public et les pauvres sont devenus encore plus pauvres.

Voir* : Crise des subprimes, Finance

O

OMC (Organisation mondiale du commerce)

OMC (Organisation mondiale du commerce)

Comme la doctrine du libre-échange* s'est imposée partout (surtout dans les têtes des élites sorties des mêmes écoles), il fallait qu'une organisation édicte les règles du jeu du commerce international. C'est dans ce contexte que le GATT (General Agreement on Tariffs and Trade, en fr. Accord général sur les tarifs douaniers et le commerce) a été signé en 1947 puis a laissé la place à l'OMC en 1995. À la base, ses principes semblent avoir pour but un traitement égalitaire de l'ensemble des nations : réciprocité, transparence et diffusion de la clause de la nation la plus favorisée. Cette clause veut que lorsqu'un pays accorde une faveur, notamment tarifaire, à un autre pays, il l'accorde à tous les pays commerçant avec lui et que les producteurs étrangers soient soumis aux mêmes réglementations que les producteurs nationaux.

Mais derrière ces beaux principes de fond comme de forme – négociations transparentes et mobilisation du plus grand nombre de pays –, le multilatéralisme est une vaste supercherie. Les pays riches ont souvent établi l'ordre du jour des négociations et ont fait en sorte de sortir vainqueurs dans le marchandage des règles à fixer. Par exemple, les pays riches ont toujours accepté de libéraliser les secteurs nécessitant des technologies (car eux seuls les avaient) et ont refusé d'ouvrir les secteurs où ils pouvaient être concurrencés (agriculture et textile). Globalement, les chiffres des accords de l'Uruguay Round sont sans appel : 70 % des gains sont allés aux pays développés contre 30 % pour les pays en développement* alors qu'ils représentent 85 % de la population mondiale. Les pays les plus pauvres se sont même appauvris. L'Afrique subsaharienne aurait perdu 1,2 milliard de dollars par an à la suite de ces accords[41]. Ce partage déséquilibré des fruits du libre-échange s'explique tout simplement par la domination des pays riches qui ont la capacité d'imposer leur choix aux pays les plus pauvres. Il faut être bien naïf pour penser que dans les rounds de négociations, le Mali a la même capacité d'influence que les États-Unis ou le Royaume-Uni. Le plus affligeant, comme le note l'économiste Ha-Joon Chang, est que les pays riches ne se donnent même pas la peine de sauver les apparences, comme le montre l'organisation des réunions du « salon vert » où se préparent les négociations sans que les représentants des pays en développement y soient admis[42].

Voir* : Libre-échange, Pays en développement

P

Pays en développement

Pays ayant souvent subi la colonisation, il est victime d'une organisation du commerce international qui lui est défavorable, ainsi que du manque d'accès au financement, ce qui en dépit de son appellation rend son développement très difficile voire impossible. Les rares pays souvent cités en exemple, comme la Corée du Sud, Singapour ou la Chine, qui ont réussi à sortir du sous-développement l'ont fait au prix de sacrifices qu'aucun pays riche n'a eu à faire, puisqu'ils ont dû se développer deux à trois fois plus rapidement que les pays avancés et qu'ils ont souvent dû contourner les modes de financement traditionnels (banques, FMI*) qui refusaient de leur prêter de l'argent. C'est le cas de la Corée du Sud qui a fait en quarante ans ce que les États-Unis ont fait en cent cinquante ans et qui, comme elle n'arrivait pas à obtenir des crédits pour financer ses projets industriels, a utilisé une compensation financière liée à la Seconde Guerre mondiale qu'elle avait négociée avec le Japon.

L'avantage des pays riches est qu'ils ont pu se développer en s'appuyant sur leurs colonies et dans un contexte où ils étaient les premiers, donc sans concurrent. Ce développement ne s'est pas fait sans difficultés, de nombreuses crises ont frappé les pays riches au cours des trois derniers siècles. Mais ils étaient obligés de développer un certain nombre de filières et en premier lieu l'agriculture nécessaire pour nourrir leurs populations. Aujourd'hui, un pays pauvre qui souhaiterait le faire serait confronté à deux blocages : celui des financements (car les biens agricoles des pays pauvres servent la demande intérieure et ne répondent pas aux critères de financement du FMI qui reprennent en partie le principe des avantages comparatifs*) et celui du commerce international qui lui donne accès à des produits agricoles moins chers venant d'autres pays.

Se développer dans un contexte de mondialisation où les pays riches détiennent les banques, édictent des règles du commerce international qui les servent, choisissent les financements de filières qui les arrangent (comme le pétrole ou les matières premières dont ils ont besoin pour leur économie), exploitent avec leurs propres compagnies ces matières premières, puis exportent vers les pays pauvres les produits qu'ils fabriquent, est au mieux de l'ordre du miracle, au pire impossible. Les pays en développement servent d'appui à l'économie des pays riches parce qu'ils leur fournissent les matières premières dont ils ont besoin mais également parce qu'ils sont un débouché pour les industries de ces pays riches.

La réalité est que personne n'a vraiment intérêt à ce que ces pays se développent. La corruption ou les problèmes de formation ont bon dos pour expliquer l'absence de décollage économique de ces pays. Ce qu'il faut, c'est remettre en cause les règles du commerce international et les modes de financement. Sans cela, la majorité des pays en développement resteront dans la pauvreté.

Voir* : DSRP, FMI, Libre-échange

PIB (produit intérieur brut)

Production de richesse d'un pays sur une année. C'est un indicateur phare de l'économie. Actuellement, les pays du G7 (Allemagne, Canada, États-Unis, France, Italie, Japon, Royaume-Uni) produisent à eux seuls 45 % du PIB mondial alors qu'ils ne comptent que 10 % de la population mondiale (contre 55 % du PIB produit par les 188 pays restants). En France, chaque trimestre, la publication par l'INSEE du taux de croissance du PIB apparaît comme « la note » des politiques choisies par le gouvernement.

Mais le PIB fait aussi débat depuis sa création. Comme l'a rappelé Al Gore dans une conférence sur le climat à Sciences Po en juin 2015 : « Le créateur du PIB lui-même, Simon Kuznets, a toujours insisté sur le fait de ne pas l'utiliser comme une boussole pour la politique économique, expliquant dès les années 1930 que le PIB était un indicateur limité et inadéquat pour mesurer l'ensemble de l'activité économique. » De nombreux rapports vont dans ce sens, le plus connu étant celui de Joseph Stiglitz, Amartya Sen et Jean-Paul Fitoussi sur la mesure des performances économiques et du progrès social. Le constat principal du rapport Stiglitz est que le PIB est une mesure très limitée si l'on prend en compte l'ensemble des réalités du XXIe siècle, comme la préservation de l'environnement ou la lutte contre la pauvreté. En effet, le PIB ne tient pas compte de la pollution, qu'elle soit atmosphérique, sonore, industrielle ou alimentaire. Il ne prend pas en compte les inégalités de répartition des richesses qui augmentent fortement depuis 1975. Enfin, il ne comptabilise pas non plus la destruction des ressources naturelles, qu'il s'agisse de déforestation, d'épuisement des matières premières ou de terres arables. Ces éléments sont pourtant fondamentaux pour assurer la soutenabilité d'une activité économique. Si la croissance du PIB entraîne la perte d'une grande surface forestière, comment se fait-il que cette dégradation de l'environnement ne soit pas prise en compte ? Idem, si la croissance du PIB est due aux conséquences néfastes du réchauffement climatique, alors pourquoi devrions-nous la considérer comme une amélioration de l'activité économique ? Et pourtant, c'est le cas aujourd'hui.

La mesure du PIB et celle de son évolution (la croissance économique) sont des indicateurs de mesure purement quantitatifs et donc par définition limités. À quoi bon faire de la croissance, si elle repose sur l'exploitation d'énergies polluantes, sur la compression des salaires et des droits sociaux des salariés ? La mesure du PIB doit être accompagnée d'autres indicateurs mesurant les impacts sur le bien-être des individus (le but de toute société) et sur l'environnement (la soutenabilité de ce bien-être). Mais il ne faut pas être naïf, il ne suffit pas d'avoir les indicateurs les plus complets pour que les choses changent. Nous disposons d'énormément de données et d'indicateurs qui nous alertent sur l'urgence écologique (que ce soient les taux de pollution de l'air ou les neuf limites planétaires) et pourtant les changements restent encore trop modestes.

Voir* : Déni climatique, Énergies fossiles, Répartition des richesses

PIIGS

Acronyme désignant un ensemble de pays « Portugal – Italie – Irlande – Grèce – Espagne (désignée par le S de *Spain*) ». Ce terme a surgi lors de la crise de 2008 sous la plume de journalistes américains et britanniques spécialistes des questions financières. Comme l'Europe a été plus durement et longuement touchée par la crise que le reste du monde, il a fallu trouver des boucs émissaires. Ils vont être regroupés sous l'acronyme PIIGS qui, en anglais, veut dire porcs, puis désignés de la sorte dans des articles de presse ou des débats télévisés. Or l'origine du problème était moins à aller chercher dans ces pays que dans les dysfonctionnements de la zone euro* qui, en l'absence de budget et de solidarité effective, ont amené les opérateurs financiers à spéculer sur les dettes des pays européens les plus fragiles.

Voir* : Destruction de l'économie grecque, Zone euro

Plan de relance

Considéré comme inefficace et has been, le terme « plan de relance » est réapparu dans le débat public une première fois, de manière assez timide, après la crise de 2008, puis une deuxième fois, de manière beaucoup plus affirmée, après la crise du Covid-19 en 2021.

Traditionnellement, la relance économique est associée à l'économiste Keynes (1883-1946) et aux politiques inspirées par sa doctrine mise en place au lendemain de la Seconde Guerre mondiale. Il s'agit d'apporter un soutien à la demande, c'est-à-dire à la consommation des ménages et à l'investissement des entreprises. Pour y parvenir, l'État relance l'activité par la dépense publique*. Lorsque le secteur privé perd en dynamisme ou est trop prudent par rapport à l'avenir, il revient à l'État de stimuler l'économie.

Prenons des exemples simples. Si l'État embauche de nouvelles infirmières ou de nouveaux professeurs, au-delà même de l'utilité sociale de ces professions, il donne des salaires qui se transformeront en consommation, laquelle viendra soutenir l'activité des entreprises. Il en va de même s'il finance des infrastructures publiques ou des grands travaux car il offre des débouchés aux entreprises qui à leur tour embaucheront des salariés.

Les plans de relance nationaux et européens post-Covid-19, mis en avant par Emmanuel Macron et les dirigeants européens comme des ruptures dans l'orientation des politiques économiques, sont-ils fidèles à la doctrine de Keynes ? En réalité, pas vraiment. Comme le rappelle la cheffe économiste de la direction générale du Trésor, Agnès Bénassy-Quéré : « Il apparaît clairement que les PNRR (plans nationaux de relance et de résilience) ne sont pas des plans de relance au sens keynésien du terme, mais plutôt des plans de transformation et d'efficacité des économies européennes[43]. » Le plan de relance national comporte ainsi beaucoup de baisse d'impôts (notamment la suppression des impôts de production). Et dans le plan européen, une série de réformes structurelles* (sur les retraites, l'assurance chômage, l'assurance maladie ou les aides sociales*) doivent être mises en place en échange des prêts et subventions.

En résumé, le terme « plan de relance » est réapparu dans le débat public mais a été vidé de sa substance. Il ne s'agit en rien de grands travaux publics qui pourraient concerner, par exemple, la transition énergétique, l'hôpital ou le rail en France. Il s'agit d'un saupoudrage, loin de répondre aux défis majeurs, dans quelques secteurs comme la rénovation des bâtiments, l'hydrogène ou la numérisation des entreprises en échange desquels il faut faire passer les dernières réformes pour casser le modèle social.

Voir* : État stratège, Dépense publique, Modèle social, Réformes structurelles

Planification écologique

Terme utilisé par Jean-Luc Mélenchon pendant la campagne présidentielle de 2017, il faisait au début l'objet de débats avant d'être plus ou moins accepté par tous et même repris par Emmanuel Macron en 2022.

Les questionnements tournaient plus autour du mot « planification » qui faisait écho à la planification communiste et au rôle que l'État doit jouer. Dans la tête des libéraux, les solutions à la crise écologique se trouvent dans l'innovation* qui vient uniquement des entreprises. De son côté, l'État doit s'en tenir à quelques incitations ou restrictions pour remédier aux défaillances du marché tel qu'un prix du carbone (via une taxe ou un marché*), et des subventions aux énergies renouvelables* ou à la rénovations des bâtiments*. Le problème avec ces mesures, si elles ont une efficacité, c'est que personne ne peut savoir à quel rythme se fera la transition écologique puisqu'elle dépend de la volonté des différents acteurs et de leur réaction aux mesures de correction prises par l'État. Or, face au défi écologique, nous manquons de temps.

Par ailleurs, la transition écologique nécessite la coordination de plusieurs secteurs. Par exemple, le choix d'une énergie plutôt qu'une autre nécessite des investissements lourds et sur le long terme qui doivent être coordonnés à la consommation de notre énergie (le développement de l'énergie nucléaire* en France a entraîné la généralisation du chauffage électrique dans les habitations). Il est important, pour préserver les équilibres énergétiques entre les Régions françaises et même en Europe, de faire des prévisions sur la production (type d'énergie, etc.) et la demande future (type de consommation). Ces prévisions seront d'autant plus justes que le rythme de la transition énergétique et celui de la rénovation des bâtiments sera planifié sur le long terme.

Enfin, il faut également redéfinir un projet industriel compatible avec les exigences écologiques. Si nous voulons construire des rails, des trains, des panneaux solaires, des éoliennes, des fenêtres isolantes, nous avons besoin d'industries. Par conséquent, il faut planifier un projet industriel qui définirait les secteurs à promouvoir en élaborant des stratégies coopératives entre entreprises (grandes et PME) répondant au défi écologique. La transition écologique a donc besoin d'une vue d'ensemble planifié par un État stratège* mais cela suppose comme condition préalable qu'il y ait un stratège à la tête de l'État.

Voir* : Déni climatique, État stratège, Innovation

Pompes aspirantes de l'immigration

Théorie de l'extrême droite sans aucun fondement académique qui explique qu'un étranger vivant dans un pays pauvre ou en guerre connaîtrait mieux le modèle social* qu'un Français (la France où un tiers des personnes éligibles au RSA ne le réclament pas) et serait prêt à risquer sa vie (en traversant la Méditerranée sur une embarcation de fortune) pour en profiter. Cette théorie montre une méconnaissance complète du fonctionnement du modèle social et retourne contre les immigrés les conséquences des diverses économies faites sur la dépense publique*. Plutôt que de remettre en cause l'austérité budgétaire*, elle offre un coupable idéal – l'immigré. Pourtant, la France n'est pas le pays aussi ouvert que certains le prétendent. Par exemple, pour qu'un étranger puisse toucher le RSA, il doit résider en France depuis cinq ans. Et c'est dix ans pour qu'il puisse toucher le minimum vieillesse. Or ces durées ont été allongées : il fut un temps où les étrangers pouvaient toucher le RSA (anciennement appelé RMI) au bout de trois ans et le minimum vieillesse au bout de un an. Si la théorie des pompes aspirantes était sérieuse, le durcissement d'accès aux prestations sociales aurait dû avoir un effet négatif sur l'immigration, mais rien de tout cela n'a été constaté.

D'ailleurs, les pays n'ayant pas un modèle social aussi généreux que le nôtre, comme les États-Unis ou le Royaume-Uni, sont tout autant, voire plus, une destination pour les étrangers. L'immigration est un choix contraint par les guerres, le réchauffement climatique, les famines ou les faibles perspectives d'avenir pour la jeunesse d'un pays (qui migre le plus souvent dans un pays voisin). Les facteurs liés à l'immigration sont à aller chercher dans le pays d'origine et plus largement dans l'organisation du commerce international (qui empêche les pays en développement* de développer leurs industries) plutôt que dans les pays d'accueil (qui s'accommodent souvent de l'immigration lorsqu'ils en ont besoin dans certains secteurs).

Voir* : Aides sociales, Dépense publique, Modèle social

Privatisation

Vente d'une entreprise publique au secteur privé ou abandon d'un service public jusque-là pris en charge par l'État au profit d'une entreprise privée. La privatisation est un long processus qui commence souvent par la baisse de moyens, la casse de son statut de monopole puis la mise en concurrence et enfin la revente. Cette casse volontaire du secteur public est généralement organisée par ceux qui sont au sommet de l'État. Dans la tête de nos hauts fonctionnaires ou dirigeants d'entreprises publiques, les mécanismes de marché* permettent une meilleure allocation des ressources que la gestion par l'État, lequel aurait tendance au gaspillage. La revente d'une entreprise publique ou la privatisation d'un service public entraînerait donc un meilleur service pour le consommateur et permettrait à l'État – jugé mauvais – de réduire sa sphère d'intervention dans l'économie. Pourtant plusieurs exemples montrent l'inverse.

Prenons l'exemple de la privatisation des autoroutes. En 2006, l'État a concédé 7000 kilomètres d'autoroutes à trois grandes multinationales – Vinci, Eiffage et Abertis – avec cette idée que la mise en concurrence et la gestion par le secteur privé, jugée plus efficace, allaient faire diminuer les tarifs. L'ancien ministre des Finances, Thierry Breton, assurait même qu'il n'y avait rien à craindre puisque l'État contrôlerait les tarifs. Les résultats de cette privatisation pour les consommateurs sont sans appel. Les cinq premières années qui ont suivi la privatisation, les acquéreurs ont versé 5 milliards de dividendes aux actionnaires*, le nombre de salariés a baissé de 14 %, le prix moyen du kilomètre a augmenté de 17 % et le bénéfice par kilomètre de 30 %[44]. Au final, les tarifs ont augmenté pour l'usager tandis que les bénéfices, plutôt que d'aller dans les caisses de l'État, vont désormais dans la poche des actionnaires.

Il en est de même pour les services publics. Nous avons choisi en France de les financer par l'impôt pour qu'ils soient gratuits à la consommation. Ainsi, ils permettent, en garantissant un accès à tous, d'assurer un socle d'égalité incompressible. En laissant ces missions publiques au secteur privé, on allège certes la pression fiscale, mais la consommation de ces services devra être payée au secteur privé. Une partie de la population, celle qui n'a pas les moyens de payer, en sera donc exclue. Par exemple, si les médicaments ne sont plus remboursés par la Sécurité sociale*, une frange de la population, en l'occurrence les plus pauvres, ne pourra plus se soigner. C'est le cas aux États-Unis, où le système de santé, essentiellement privé, est plus cher et inégalitaire. Les dépenses de santé y représentent 17 % du PIB* contre 11,7 % en France et pourtant, chaque année, 2 millions d'Américains font faillite à cause de factures médicales[45].

Les privatisations sont très souvent une bonne affaire pour le secteur privé, moins pour le consommateur. À cela, il faut ajouter qu'elles représentent une perte d'actifs pour l'État et les générations futures. Le mouvement des privatisations qui démarre en France à partir de 1986, et ne s'est jamais interrompu depuis, participe de ce mouvement de remarchandisation de l'économie. La privatisation accompagne aussi ce que l'on nomme la désocialisation de l'économie. Autrement dit la remise dans le secteur privé d'activités jugées essentielles pour le bien-être des populations.

Voir* : Dette publique, Récit

Productivité

Indicateur majeur de l'économie, elle représente l'efficacité de la combinaison des facteurs de production, à savoir le travail (les activités intellectuelles et manuelles nécessaires à la production) et le capital (les biens et services nécessaires à la production). Elle est le lien entre les moyens employés (nombre de salariés, machines, etc.) et le but recherché (augmentation de la production, montée en gamme). La productivité se mesure par le rapport entre le volume de production et le volume des moyens (travail et capital) mis en œuvre pour l'obtenir. On parle de gains de productivité lorsque la production augmente plus vite que les moyens employés pour produire. Dans ce cas de figure, la richesse dégagée peut servir trois objectifs : réduire le temps de travail, augmenter les salaires ou augmenter les profits.

C'est d'ailleurs en raison des gains de productivité massifs réalisés pendant plus d'un siècle que le temps de travail a été réduit dans les pays riches, que les sociétés se sont enrichies et que l'on a pu financer des projets aussi essentiels que la Sécurité sociale*. En somme, grâce aux gains de productivité, nous avons consacré moins de temps de notre vie au travail, nous sommes devenus plus riches et nous avons pu financer énormément d'infrastructures collectives.

Mais la course aux gains de productivité, dans un contexte de mondialisation (libre-échange*) peut finir par être négative. Bien que la productivité française soit parmi les plus élevées au monde, il sera toujours plus intéressant pour une multinationale de s'installer dans un pays émergent si l'écart de salaire est supérieur à l'écart de productivité. Concrètement, si un habitant d'un autre pays est deux fois moins productif qu'un Français mais quatre fois moins cher, l'entreprise va quand même réaliser des gains de productivité en s'installant dans le pays étranger.

Au final, on vous explique tout le temps que les Français ne sont pas assez productifs parce qu'ils ne travaillent pas assez. C'est parfaitement faux, les pays à bas salaires ont souvent une productivité plus faible, simplement ils sont beaucoup moins chers. Quelle est la conséquence de cette course aux gains de productivité pour notre pays ? Des services délocalisés, des pertes d'emplois et de savoir-faire sur le territoire, des profits énormes pour les actionnaires*. Comme tous les indicateurs, la productivité ne doit pas être une fin en soi.

Voir* : Libre-échange, PIB, Travailler plus

Protectionnisme

Politique économique visant à protéger son économie de la concurrence internationale. Pendant de nombreuses années, il était interdit de prononcer ce mot dont on faisait un synonyme de nationalisme, lui-même synonyme d'égoïsme et de guerre. La concurrence mondiale offrait, quant à elle, des emplois dans les pays pauvres tout en nous permettant d'obtenir des biens moins chers. C'était la fameuse mondialisation heureuse vantée dans les années 1990 par nos élites intellectuelles. D'ailleurs, aucun pays en développement* ne pouvait appliquer une politique protectionniste, sous peine de ne plus recevoir de financements, notamment du FMI*. Mais ce que les fustigeurs du protectionniste oublient souvent de vous dire, c'est que la plupart des pays riches se sont développés grâce au protectionnisme.

En effet, l'Angleterre n'a cédé au libre-échange* que lorsqu'elle a été suffisamment puissante pour le faire. Elle s'est d'abord développée à l'ombre du protectionnisme et notamment de l'Acte de navigation voté en 1651, qui réservait exclusivement aux marins britanniques le monopole du commerce entre les colonies et la métropole. Idem pour les États-Unis, la première puissance mondiale, qui s'est développée grâce à un certain protectionnisme. Alexander Hamilton, l'un des proches conseillers du premier président des États-Unis, George Washington, en a été l'un des théoriciens les plus zélés. Il propose, dès 1791, la protection des industries naissantes (avant même que l'Allemand Friedrich List ne le propose pour l'Allemagne en 1841). Il comprend qu'une ouverture précoce à la concurrence serait désastreuse pour des entreprises qui n'ont pas atteint la taille critique (celle qui leur permet de se mesurer à leurs concurrents). Encore aujourd'hui, les Américains sont toujours plus protectionnistes que les Européens. Par exemple, le Buy American Act, qui oblige que ce soit une entreprise américaine qui soit choisie en cas d'appel d'offres public, est une pratique interdite en Europe car perçue comme une entrave à la concurrence. En réalité, il existe une longue tradition républicaine aux États-Unis en faveur du protectionnisme, et le fait que l'ancien président D. Trump s'empare de ce thème n'avait rien d'étonnant.

D'autres pays comme la Chine ou la Corée du Sud ont réussi à décoller économiquement grâce à un certain protectionnisme. La Chine n'a ouvert son économie que très progressivement en commençant par les zones de l'Est. De son côté, la Corée du Sud a permis à des groupes comme LG, Hyundai ou Samsung de devenir les plus puissants au monde en menant une politique industrielle mélangeant subventions et protections douanières contre les importations. Jamais ces industries n'auraient pu prospérer si elles avaient été mises directement en concurrence avec le reste du monde. La majorité des pays riches ont protégé leurs économies au départ, et les nouveaux pays émergents ont fait de même. Alors pourquoi l'OMC* empêche-t-elle, par exemple, les pays africains de le faire ? Tout simplement parce que les pays riches y perdraient trop.

Voir* : FMI, Libre-échange, Pays en développement

Protocole de Kyoto

Signé lors de la COP 3 en 1997 en vue d'une entrée en vigueur en 2005, le protocole de Kyoto visait à réduire les émissions de CO_2 des pays industrialisés. Les États avaient réussi à se mettre d'accord sur des objectifs juridiquement contraignants et des délais. Ce protocole reste probablement la plus grande avancée dans les négociations internationales sur le climat, dix-huit ans avant l'accord de Paris*. Mais, dans les faits, c'est également le plus grand raté dans la lutte contre le dérèglement climatique. Car en refusant de le ratifier, les États-Unis ont envoyé un signal très négatif au reste du monde sur la façon de traiter la problématique climatique. Comment demander aux autres pays de faire des efforts pour réduire leurs émissions de CO_2 si la première puissance économique juge le coût de ces efforts trop élevé ?

La responsabilité des États-Unis dans l'entrave à la lutte contre le réchauffement climatique est indéniable. Le protocole de Kyoto était contraignant à un moment où le monde avait beaucoup plus de temps pour organiser la transformation de son mode de production et de consommation. Il obligeait les pays industrialisés à réduire leurs émissions de CO_2, avec un objectif d'une baisse de 5 % des émissions de gaz à effet de serre pour ces pays entre 2008 et 2012, sans imposer aucune contrainte aux pays en développement* (comme la Chine ou l'Inde). Cette répartition des efforts était logique pour trois raisons. Premièrement, les pays industrialisés sont responsables de plus des deux tiers des émissions de CO_2 au XXe siècle. Deuxièmement, les produits qu'ils consomment sont majoritairement fabriqués dans les pays en développement. Enfin, ils sont plus à même d'effectuer les ajustements nécessaires (économies d'énergie, etc.) parce qu'ils sont développés et détiennent des technologies. Plusieurs pays avaient fortement soutenu la signature de l'accord comme ceux de l'Union européenne, le Japon et même, au départ, les États-Unis. Mais, quelques semaines après la signature du protocole, le Sénat américain a refusé de ratifier le traité par 95 voix contre zéro. À l'époque, les États-Unis produisaient 24 % des émissions totales pour une population ne représentant que 4,5 % de la population mondiale. Face à cette ferme opposition, Bill Clinton ne présentera même pas le texte du protocole au Sénat, et son successeur, George Walker Bush, annoncera le 13 mars 2001 son refus de réglementer les émissions de gaz à effet de serre.

En sortant du protocole de Kyoto, les États-Unis ont délégitimé les négociations internationales sur le climat. Il aurait été probablement plus simple de négocier avec les pays émergents aux COP suivantes si les pays riches avaient été exemplaires dans l'application du protocole. Le retrait des États-Unis n'a fait que compliquer les négociations climatiques, notamment avec les pays émergents. Il a également entraîné un effet d'imitation de la part d'autres pays comme le Canada, la Russie et le Japon qui ont rejeté un second Kyoto. Les États-Unis ont une responsabilité énorme dans l'absence d'une gouvernance mondiale sur le climat.

Voir* : Accord de Paris, Climato-sceptique, Déni climatique

Q

Quantitative easing

Quantitative easing

Le quantitative easing est une mesure monétaire qui s'est invitée dans le débat public à partir de la crise des subprimes* et plus particulièrement, en Europe, au moment de la crise des dettes souveraines*. En français, on parle d'assouplissement quantitatif. C'est un outil de politique monétaire dit « non conventionnel », c'est-à-dire qui ne passe pas par le canal du taux d'intérêt. Habituellement, une banque centrale baisse (ou augmente) le taux d'intérêt de ses prêts aux banques commerciales, ce qui les incite à offrir des crédits à plus faibles (ou plus forts) taux d'intérêt aux ménages ou aux entreprises pour les pousser (ou les décourager) à consommer ou investir. Lorsque cet outil devient moins efficace, la banque centrale doit utiliser des moyens qui ne sont pas habituels, d'où le qualificatif d'outil non conventionnel.

Le quantitative easing entre alors en action. La Banque centrale européenne* achète des obligations, c'est-à-dire des emprunts privés et publics auprès des banques commerciales. Le prix de ces obligations, en bourse, augmente et, de ce fait, leur taux de rendement baisse, permettant aux nouvelles émissions d'obligations de proposer des taux d'intérêt plus faibles. Le coût des emprunts (le taux d'intérêt) diminue, ce qui permet plus d'emprunts, et donc plus de dépenses.

Les effets du quantitative easing ont été débattus. Le quantitative easing a permis une stabilité financière et a rendu difficile une nouvelle crise des dettes souveraines. La BCE devenait garante de fait des dettes européennes. Mais derrière cette opération financière, les fragilités de l'Union européenne sont restées flagrantes : chômage important, inégalités, désindustrialisation*, sans compter les risques financiers de flambée de la valeur de certains actifs.

Bref, le quantitative easing, s'il rassure les marchés financiers et nous permet d'avoir des taux d'intérêt faibles, ne peut pas, lui non plus, représenter une fin en soi. Des questions aussi importantes que celle de la dépendance à l'égard des marchés pour le financement de notre dette, ou celle de trouver des recettes publiques en Europe (plutôt que de diminuer sans cesse la fiscalité sur les grandes entreprises), ne peuvent pas être évacuées.

Voir* : BCE, Crise des subprimes

R

Récit
Réformes structurelles
Rénovation des bâtiments
Répartition des richesses
Résilience
Retraites (réforme des)
Réussite individuelle

Récit

Histoire que l'on raconte et que l'on se raconte. L'histoire humaine, quelles que soient les cultures, s'enrichit de récits fondateurs : des contes, des mythes, des fables. Les récits donnent du sens, imposent des croyances, font naître du sacré. Les économistes* en sont de grands fabricants.

Ainsi, le libre-échange* est au cœur d'un joli récit qui a tenu le haut du pavé depuis presque deux siècles. Selon ce récit, le commerce international favoriserait la paix entre les nations tandis que la politique conduirait à la guerre. Le libre-échange serait également bénéfique à tous, que vous soyez riche ou pauvre. Le commerce international serait donc un jeu « gagnant-gagnant ».

C'est loin d'être le cas. Le libre-échange a en majorité profité aux pays les plus riches, il n'a pas empêché des conflits et, enfin, beaucoup de pays qui se sont développés l'ont fait en protégeant leurs industries, dans un premier temps, de la concurrence internationale. La force du récit est d'avoir su mobiliser les mots « paix », ou « gain mutuel ». Le récit, pour être efficace, doit être simple et binaire.

Les effets négatifs du libre-échange sont évacués : domination, exploitation des ressources, inégalités, hausse de la pauvreté (notamment en Afrique).

Un autre grand récit de notre temps est celui de la construction européenne. Il est assez proche de celui du libre-échange et se résume principalement en un mot : la paix. Critiquer la montée des inégalités en Europe, la concurrence fiscale, le fonctionnement de l'euro, la casse du service public, c'est être contre l'Europe et donc pour le retour de la guerre. Le récit portant sur la construction européenne comme celui portant sur le libre-échange ont tellement imprégné les esprits que beaucoup d'économistes ou de journalistes se sont autocensurés sur cette question. Et il existe bien d'autres récits puissants en économie, comme le mythe de la réussite individuelle*, les marchés* qui s'autorégulent, etc. Si l'on veut changer l'économie, envisager un autre avenir, il faut inventer un récit. Un expert est essentiel car il maîtrise son domaine mais il faut aussi un récit et des voix qui le portent.

Voir* : Économiste, Libre-échange, Marché unique, Réussite individuelle

Réformes structurelles

Mot d'ordre des gouvernements d'inspiration libérale, mantra de la Commission européenne, les réformes structurelles sont, comme le terme l'indique, des réformes qui agissent sur les structures c'est-à-dire sur le cadre réglementaire et institutionnel dans lequel évoluent les entreprises et les individus. Concrètement, il s'agit souvent de casser les protections des individus ou de diminuer les réglementations des entreprises pour, prétend-on, donner plus de dynamisme à l'économie.

Il s'agit par exemple de diminuer les droits des salariés pour accroître la flexibilité du marché du travail*. De casser les monopoles publics, d'ouvrir à la concurrence et de privatiser le marché des biens et services. De déréglementer le secteur financier. Et enfin de s'attaquer à l'assurance chômage, aux retraites, à l'assurance maladie et aux aides sociales*.

Les raisons invoquées pour réaliser ces réformes diffèrent en fonction des champs attaqués. Quand il s'agit de la protection sociale, la dette publique* (« On est obligés de faire la réforme à cause de la dette ») et des jugements non fondés sur le comportement des allocataires (« Les chômeurs ne veulent pas travailler à cause des allocations ») sont invoqués. Et lorsqu'il faut s'attaquer aux droits du travail ou casser des monopoles publics, différents concepts comme « la start-up nation » sont mis en avant. On entend aussi qu'une entreprise publique de l'énergie, c'est d'un autre temps, tout comme d'ailleurs le Code du travail lui-même. De nombreuses réformes ont été effectuées en France, elles ont rarement eu les effets escomptés. Par exemple, le CICE devait créer 1 million d'emplois, il en a créé 100 000... Mais certains vous diront qu'on n'a pas été assez loin dans les réformes pour que cela fonctionne et donc qu'il faut encore réformer.

Voir* : Chômeurs profiteurs, Flexibilité du marché du travail

Rénovation des bâtiments

Simple à réaliser, la rénovation des bâtiments permettrait non seulement d'économiser de l'énergie mais en plus de créer des emplois non délocalisables. En France, les bâtiments sont responsables de 44 % de la consommation d'énergie et de 25 % des émissions de gaz à effet de serre. Sur les 36 millions d'habitations, plus de 25 millions sont à rénover, dont 4 millions de passoires énergétiques. François Hollande avait fixé un objectif de rénovation de 500 000 logements par an. Emmanuel Macron avait promis 1 million de rénovations sur l'ensemble du quinquennat, soit 200 000 par an, ce qui est proche de la moyenne actuelle. Il existe également (comme dans le domaine des énergies renouvelables) des incitations fiscales à rénover son logement, comme le crédit d'impôts qu'Emmanuel Macron voulait transformer en prime immédiatement perceptible au moment des travaux. Mais ces incitations sont peu efficaces et profitent surtout aux classes aisées (une rénovation coûte environ 20 000 euros par logement). Le rythme des travaux reste faible.

Dans ces conditions, pourquoi l'État ne prend-il pas les choses en main en se fixant un objectif d'1 million d'habitations à rénover par an sur vingt-cinq ans et, soyons fous, en créant une société publique en charge des rénovations ? Pourquoi ce marché juteux devrait-il profiter au secteur privé ? Si tel devait néanmoins être le cas, il faudrait alors poser un certain nombre de conditions sur l'emploi des salariés et sur la provenance des matériaux. Le coût d'un tel programme serait estimé à 20 milliards par an. Mais cet investissement d'argent public rapporterait plus qu'il ne coûterait. Par exemple, en Allemagne, chaque euro investi dans la rénovation rapporte à l'État allemand 2 à 4 euros via les impôts perçus sur l'activité générée[46]. La rénovation des habitations est aussi créatrice d'emplois. Une étude des économistes Robert Pollin, James Heintz et Heidi Garrett-Peltier établit qu'un investissement d'un million de dollars crée 17 emplois dans l'efficacité énergétique, 14 dans les énergies renouvelables*, contre 5 dans le pétrole et le gaz[47]. L'investissement public n'a rien de malsain économiquement, encore moins quand il s'agit de secteurs utiles dans la lutte contre le réchauffement climatique.

Voir* : Déni climatique, État stratège, Multiplicateur

Répartition des richesses

Rien ne suscite plus d'antagonismes en économie* que la question de la répartition de la richesse créée. La richesse créée est la valeur ajoutée que les entreprises apportent à l'économie en fabriquant des biens et services. On pourrait penser que l'entreprise est une communauté d'acteurs tournée vers le même but : produire. Pour partie, c'est vrai, mais lorsqu'il s'agit de répartir la richesse, les antagonismes propres au système économique reviennent en force. Pour le travailleur, le salaire est un revenu qu'il souhaite faire augmenter tandis que pour l'employeur, c'est un coût qu'il désire bien souvent réduire. Qui devons-nous satisfaire, l'employeur ou le salarié ?

Cette question a traversé la science économique et fait encore aujourd'hui l'objet de débats. Au XVIIIe siècle, Adam Smith analyse la répartition des richesses produites par le biais de trois classes sociales : capitalistes, rentiers et travailleurs. Il considérait que le profit était le moteur de l'économie et qu'il fallait donc compresser les salaires des travailleurs le plus possible. On doit d'ailleurs à Smith le concept de salaire de subsistance, l'ancêtre du SMIC, qui permettait à l'ouvrier de se nourrir, lui et sa famille (pour que ses enfants puissent devenir les futurs ouvriers), et de travailler dans des conditions normales à l'usine. En revanche, ce salaire ne devait surtout pas lui permettre d'épargner, pour ne laisser aucune chance au travailleur de devenir un jour capitaliste lui-même. Il y avait donc dans la vision de Smith une opposition très claire entre deux classes sociales, les travailleurs et les capitalistes. Il reconnaissait d'ailleurs le caractère inégalitaire de l'économie mais le jugeait nécessaire et avançait qu'au final, avec l'accumulation des richesses – et ce que certains appelleront plus tard le ruissellement –, « l'ouvrier anglais le plus pauvre sera mieux nanti qu'un prince indien ». La dynamique de l'économie capitaliste défendue par A. Smith est donc construite sur une inégalité entre classes sociales mais supposée bénéfique à tous.

C'est en partant de cette vision d'opposition entre classes sociales prétendument « gagnante-gagnante » que, au XIXe siècle, Karl Marx développera, dans son livre *Le Capital*, sa théorie de l'exploitation qui servira de base à la lutte des classes. Pour Karl Marx, les capitalistes peuvent exercer une domination sur les travailleurs parce qu'ils détiennent les moyens de production alors que les travailleurs, eux, ne peuvent que vendre leur force de travail et sont donc obligés de se soumettre aux capitalistes. Karl Marx démontre un point important : si les travailleurs étaient payés pour ce qu'ils produisent, alors il n'y aurait pas de profit pour le capitaliste. Le but est donc de rémunérer un salarié moins que ce qu'il rapporte, c'est la logique du capitalisme. Dans *Le Capital*, Marx expose la violence de l'opposition entre classes sociales et la domination de l'une par l'autre. La logique de l'économie d'Adam Smith et des économistes* classiques est démasquée.

Face à ces démonstrations et au succès qu'elles rencontrèrent, il fallait absolument une riposte du courant classique. La charge viendra des « néoclassiques ». Ces derniers s'acharneront à décrédibiliser la notion de rapport de force entre classes sociales en recentrant l'analyse sur l'individu et le fonctionnement du marché*. Ils tenteront également de donner à l'économie l'apparence d'une science neutre en proposant des modèles de plus en plus sophistiqués et des hypothèses de moins en moins réalistes. John Bates Clark, un économiste pionnier du courant néoclassique, expliquera que les agents sont rémunérés en fonction de leur productivité marginale, c'est-à-dire que chacun reçoit en fonction de ce qu'il a produit. Le salaire chez les néoclassiques ne dépend donc plus d'un rapport de force entre capitalistes et salariés, mais des propres capacités du travailleur – s'il est doué, il sera bien payé et inversement.

La question de la répartition des richesses est donc centrale et cristallise le rapport de force entre le capital et le travail. Au XIXe siècle, l'idée était de favoriser les profits au détriment des salariés même si plusieurs économistes ont tenté d'alerter leurs contemporains sur la demande et son importance, comme Malthus ou Sismondi, mais sans succès réel. Au XXe siècle, l'entrepreneur Ford avait compris l'importance de la hausse des salaires sur la consommation et avait décidé de mettre en place une politique salariale plus favorable aux employés que ses concurrents de l'époque. Il fallait faire en sorte que les ouvriers deviennent non seulement des producteurs de voitures mais aussi les clients de demain. Mais c'est Keynes, au cœur de la terrible crise des années 1930, qui fit de la répartition le cœur de la question économique. Keynes expliqua que les deux vices de notre temps étaient l'absence de plein emploi et la mauvaise répartition du revenu.

En fonction des périodes et des modes de régulation de l'économie choisis, la répartition des richesses créées a donc varié. Elle a parfois été inégalitaire comme au XIXe siècle et aujourd'hui, parfois moins comme dans la période 1950-1970. Preuve que la répartition des richesses est un choix politique et que ceux qui prétendent qu'on ne peut rien y faire défendent souvent leur position (qui est avantagée dans la répartition actuelle).

Voir* : Économie, Économiste

Résilience

Mot-valise de la novlangue contemporaine. La résilience serait la capacité d'une économie à absorber un choc, à apporter des réponses aux défis posés et à continuer sa route. La résilience économique est invoquée pour réclamer un ensemble de réformes structurelles* concernant le marché du travail, les retraites, l'assurance chômage ou l'assurance maladie.

Le vocabulaire managérial a également pour but de maquiller la réalité. Derrière l'utilisation du mot « résilience » en économie, il y a une volonté de psychologisation qui n'a comme seul but que de masquer les rapports de force qui s'exercent derrière les réformes structurelles mises en œuvre. Le combat économique est aussi présent dans la langue et les mots que l'on emploie. La novlangue managériale tend le plus souvent à l'euphémisme. Pour éviter de pointer les défaillances, le manque d'investissement ou la casse du service public, des mots plus abstraits en ont remplacé d'autres. Le gouvernement cède la place à la gouvernance, la lutte contre les inégalités à l'inclusivité et les transformations de nos structures économiques en résilience. C'est une manière de désarmer la critique et de créer des consensus mous. Qui peut être contre la résilience ou l'inclusivité ? Personne. En revanche, beaucoup seraient contre une augmentation de leurs impôts pour financer les services publics et réduire les inégalités.

Voir* : Économie, Réformes structurelles

Retraites (réforme des)

L'argument principal pour justifier la réforme des retraites est le vieillissement de la population française qui rendrait notre système de retraite par répartition déficitaire. Il faut donc soit le réformer complètement (c'était le projet d'Emmanuel Macron en 2017 avec la retraite à points), soit reporter l'âge légal de départ à la retraite pour continuer à le financer (c'est le projet d'Emmanuel Macron en 2022). Mais l'argument de départ est faux, premièrement parce que notre système n'est pas déficitaire et deuxièmement parce que le choc démographique avec le vieillissement de la population a déjà eu lieu. En 1970, il y avait 3 retraités pour 10 emplois alors qu'aujourd'hui il y en a 6 pour 10 emplois. Ce qui est censé tuer notre système de retraite est le passage à 7 retraités pour 10 emplois en… 2040. On comprend moins cet empressement à vouloir réformer aussi rapidement notre système. Surtout dans un pays où il y a 5 millions de chômeurs (qui pourraient potentiellement, s'ils trouvaient un emploi, contribuer au financement des retraites).

D'ailleurs, comment avons-nous continué à financer notre système de retraite entre 1970 et aujourd'hui avec le vieillissement de la population ? Tout simplement en augmentant la part du PIB* consacrée aux retraités qui est passée de 7,3 % en 1970 à 14 % aujourd'hui. Mais, en même temps, n'est-ce pas normal de consacrer une plus grosse partie des richesses produites au paiement des retraites si notre pays vieillit ? Que va-t-il se passer si les pensions diminuent ? Soit les personnes âgées vont devoir aller travailler, soit leurs enfants leur offriront un complément de revenu (quand ils le peuvent). Est-ce vraiment une situation idéale ?

Notre système de retraite est performant, il assure aux Français un niveau de vie équivalent et leur permet d'avoir un taux de pauvreté des retraités parmi les plus faibles au monde. Il comporte des mécanismes de solidarité qui permettent de garantir un taux de remplacement plus élevé pour les bas salaires que pour les cadres. Alors pourquoi veut-on s'attaquer à notre système de retraite s'il est si performant ? Tout simplement pour faire des économies sur la dépense publique* mais aussi pour ouvrir la voie à la capitalisation qui profiterait aux banques et aux assureurs. Rappelons que les retraites sont un marché de 300 milliards en France. Ceci explique sûrement cela.

Voir* : Dépense publique, Modèle social

Réussite individuelle

Concept inventé par des groupes sociaux supérieurs pour faire croire que l'absence de réussite s'explique par la paresse ou le manque d'efforts. C'est un peu la sœur jumelle de la méritocratie, un autre concept élaboré par les classes dominantes pour maintenir leur domination. Faire croire à ceux qui réussissent qu'ils le méritent relève d'une mystification.

L'économiste Gregory Clark, dans son livre *The Son also rises,* montre que, pour un large panel de pays, dans 75 % des cas le statut socio-économique d'un individu est expliqué à long terme par l'origine sociale[48]. Un constat qui est valable pour la France, où les enfants des classes supérieures ont, comme l'avait écrit Pierre Bourdieu, « un rapport assuré et rassuré au monde ». C'est pourquoi le sociologue s'était insurgé contre l'idéologie du « don » qui laisserait entendre que certains individus seraient plus doués que d'autres. Selon lui, le « capital culturel » jouerait un rôle clé à travers trois composantes. La première composante serait le capital incorporé, à savoir la manière de se tenir ou de se parler. La deuxième composante serait le capital culturel objectivé, à savoir les livres ou autres objets culturels à disposition dans une famille. Et enfin viendrait le capital culturel institutionnalisé, à savoir les diplômes, capital qui permet aux enfants issus de milieux favorisés d'être proches des attentes culturelles de l'école. L'ensemble des capitaux culturels, économiques et sociaux crée les bases antérieures qui permettent à un enfant d'un milieu social élevé de connaître une meilleure réussite scolaire ou professionnelle. En réalité, le volontarisme ne pèse pas grand-chose face à la reproduction sociale, et personne ne réussit seul. Des choix politiques d'investissement dans les services publics peuvent corriger les inégalités au départ et à l'arrivée. Actuellement, les choix politiques consistent plutôt à retirer des moyens aux services publics, comme la baisse des dotations aux collectivités locales (avec des conséquences sur les jeunes issus des communes les plus pauvres : suppression de cours du soir, manque de moyens dans la culture, etc.) et à mettre en place des politiques de discrimination positive*.

Voir* : Discrimination positive, Modèle social, Récit

S

Sécurité sociale
Signal prix

Sécurité sociale

Probablement l'une des meilleures inventions du XXe siècle, la Sécurité sociale couvre cinq domaines : la maladie, la famille, la maternité, la retraite et l'autonomie. La Sécurité sociale est née en 1945 dans un cadre particulier. Elle est fondée sur un principe : chacun doit participer selon ses possibilités et chacun doit recevoir selon ses nécessités. La Sécurité sociale est devenue un pilier de la protection des salariés. En 1958, le risque de chômage s'ajoutera aux précédents domaines couverts et les indemnités chômage verront le jour la même année.

Le financement de la Sécurité sociale repose très largement sur les cotisations des travailleurs. En conséquence, plus le chômage est élevé et moins la Sécurité sociale a de ressources. À cela s'ajoutent des mesures politiques qui affaiblissent les comptes de la Sécurité sociale. Par exemple, la défiscalisation des heures supplémentaires ou la suppression des cotisations des salariés. Depuis les années 1980, la Sécurité sociale fait l'objet d'attaques nombreuses de la part des libéraux. La protection serait la cause du chômage, le financement de la Sécurité sociale serait en danger, son efficacité serait limitée. Selon eux, ce ne sont pas les crises successives qui, en mettant des millions de personnes au chômage, déstabilisent la Sécurité sociale mais bien la protection sociale qui serait à l'origine des crises. Les lendemains de crise sont toujours des moments idéaux pour tailler dans les protections. On se souvient du passage de l'âge minimum de la retraite à 62 ans par Fillon en 2010 juste après la crise de 2008 ou encore de la réforme de l'assurance chômage en 2021 après la crise du Covid. Ces temporalités ne sont pas le fruit du hasard mais s'inscrivent dans une stratégie qui vise à mettre en place les réformes au moment où les dépenses augmentent, afin de prouver que les financements à long terme sont insoutenables. Par exemple, la réforme de l'assurance chômage a été présentée après la généralisation du chômage partiel pendant les confinements. Or, à ce moment, l'assurance chômage a sauvé de nombreuses personnes de la pauvreté. Plutôt que de la célébrer, les libéraux sautent sur l'occasion pour la réformer. S'ajoute à cela le discours ambiant et constant sur les cotisations sociales qui alourdiraient le coût du travail, les allocations chômage qui inviteraient les chômeurs à l'inactivité, etc. Tous ces propos ont été démontés à plusieurs reprises par des études (de Pôle emploi, etc.) mais leur répétition pendant plus de trente ans leur a permis de s'implanter dans la tête des gens.

Ce dont oublient de parler les libéraux, c'est de l'impact positif de la Sécurité sociale. Par exemple, au cours du xxe siècle, nous avons gagné trente ans d'espérance de vie (7 ans sur les 20 dernières années) grâce à la retraite financée par la collectivité ou l'accès aux soins (à l'hôpital, on ne sort pas sa carte bleue mais sa carte vitale). Par ailleurs, la Sécurité sociale réduit les inégalités de revenu. Les 10 % les plus riches gagnent avant redistribution 24,4 fois plus que les 10 % les plus pauvres, après distribution des prestations sociales, ce rapport est de 5,8[49]. Idem pour la proportion d'enfants vivant dans des familles pauvres, elle passe de 28,7 % avant redistribution à 7,9 % après transferts sociaux[50].

La Sécurité sociale a donc permis à de nombreuses personnes de se soigner, d'être aidées et d'éviter de tomber dans la précarité. Certes, il faut la financer et notre pays a choisi de le faire par la collectivité, ce qui a donné lieu à de nombreux débats qui sont venus polluer cette solidarité (« Je ne veux pas payer avec mon travail pour le chômeur qui refuse de travailler », etc.). Mais il ne faut pas être dupe, si la gestion de la protection sociale n'est pas assurée par le secteur public, elle le sera par le secteur privé. Ceux qui auront les moyens pourront payer des assurances privées et avoir accès aux soins, les autres non (aux États-Unis, chaque année, deux millions d'Américains font faillite à cause d'une maladie). Et rien ne garantit qu'il soit moins cher de s'assurer à titre privé plutôt que de cotiser (les compagnies privées doivent aussi rémunérer leurs actionnaires*, contrairement au secteur public).

Voir* : Modèle social, Privatisation

Signal prix

L'idée de base du signal prix est qu'en rendant plus cher un bien nocif pour la santé ou l'environnement le consommateur sera incité à moins l'acheter et inversement. Le signal prix est une mesure très en vogue chez les économistes* et les technocrates. Il est intimement corrélé à la croyance dans les vertus du marché* qui peut être défini aussi comme un principe de régulation de l'activité économique par un ensemble de prix flexibles. Le prix pour un économiste mainstream, c'est un signal, une source d'information.

C'est sur ce principe, par exemple, que le prix du paquet de cigarettes a augmenté afin de désinciter les fumeurs potentiels. L'efficacité du principe fonctionne surtout pour les « biens élastiques » au prix, c'est-à-dire les biens dont la consommation n'est pas contrainte ou ceux qui disposent d'un substitut. L'élasticité dans certains cas sera plus que proportionnelle, parfois moins et parfois pas du tout. En somme, si le prix augmente de 5 %, la consommation diminuera parfois d'autant (élastique), de plus (très élastique) ou pas du tout (inélastique). La question est de savoir si les biens sont élastiques, c'est-à-dire si les individus sont en capacité de réduire leur consommation par suite d'une augmentation des prix avant d'appliquer des mesures ou des taxes sur certains biens. Car, appliqué à l'aveugle, le signal prix peut être inefficace et devenir punitif pour le consommateur.

Prenons le cas du pétrole. Son prix a été multiplié par cinq entre 2002 et 2014, passant de 20 à plus de 100 dollars le baril. En théorie, une telle augmentation aurait dû entraîner un changement radical dans la fabrication de véhicules et dans les formes de mobilité. Des changements ont été visibles dans le comportement des Français, certains ont privilégié les transports collectifs à l'utilisation de la voiture – lorsqu'une offre de transports en commun le permettait – ou ont choisi des plus petites motorisations lorsqu'ils changeaient de véhicule. Mais, dans l'ensemble, les élasticités prix[51] et prix-croisé[52] n'ont que partiellement fonctionné car le pétrole dans son usage est un bien difficilement substituable. En clair, quel que soit le prix des carburants*, un individu vivant loin de son lieu de travail et ne disposant pas d'une offre de transports doit utiliser sa voiture. Dans ces conditions, prôner une augmentation du prix en espérant diminuer la consommation ne peut avoir qu'un impact limité. Seules les personnes vivant dans les grandes villes et ayant accès à des transports publics pourront alors faire un choix. Ceux qui vivent loin des centres-villes et n'ont pas de transports à disposition n'auront pas d'autre option que d'utiliser leurs voitures. Le signal prix joue alors pour eux comme une punition (rappelons que c'est l'augmentation du prix de l'essence qui a déclenché la révolte des Gilets jaunes).

Voir* : Carburants (prix des), Marché, Taxe carbone sur les carburants

T

Taux de change
Taxe carbone sur les carburants
Traités européens
Traités de libre-échange de nouvelle génération
Travailler plus
Trente Glorieuses
Tribunaux arbitraux

Taux de change

Le taux de change représente le prix d'une monnaie par rapport à une autre. Autrement dit, combien me faut-il d'euros pour obtenir un dollar ou inversement. C'est une variable clé de l'économie. Le taux de change effectif, c'est-à-dire celui pondéré par le poids économique de nos différents partenaires économiques, est le plus important. Ainsi, si notre monnaie perd en valeur par rapport à celle d'un État avec lequel nos échanges ne représentent que 2 % de notre commerce extérieur, cela n'a guère d'importance. En revanche, si elle s'apprécie ou se déprécie par rapport à la monnaie d'un pays qui pèse 40 % dans nos échanges, alors la situation peut devenir inquiétante. Une monnaie forte par rapport à celle de nos partenaires nous permet de payer moins cher nos importations mais rend plus chères nos exportations. À l'inverse, une monnaie plus faible rend les importations plus chères et les exportations moins chères. Le taux de change joue donc un rôle crucial pour donner un avantage concurrentiel à nos industries.

Prenons l'exemple d'un fabricant français de jeans qui vend ses jeans 100 € en France et décide de les exporter aux États-Unis. À ce moment-là, mettons que le taux de change entre l'euro et le dollar soit de 1 pour 1 et que les jeans fabriqués aux États-Unis vaillent en moyenne 120 $. Les jeans de notre fabricant français vaudront donc 100 dollars pièce aux États-Unis (hors frais de transport), et vont donc fortement concurrencer les jeans américains à 120 dollars. Face à cette concurrence, imaginons que le gouvernement américain décide de dévaluer le dollar, entraînant un nouveau taux de change à 1 euro pour 1,5 dollar. La valeur du jeans américain restera à 120 $ sur le marché américain, tandis que celle du jeans français va passer à 150 dollars. Les jeans américains redeviendront par conséquent plus intéressants que les français grâce à une intervention sur le taux de change. Cet exemple montre comment une manipulation de la monnaie peut avoir une influence sur la valeur d'un bien et donc soutenir une activité ou non. Tous les pays ne peuvent pas jouer aussi facilement avec leur monnaie mais les grandes puissances (États-Unis, Chine, Japon, Royaume-Uni) ne se gênent pas pour le faire quand il s'agit d'avantager tel ou tel secteur de leur économie. C'est beaucoup moins évident dans la zone euro* puisque les dix-neuf pays membres ont des intérêts divergents. Certains préfèrent un euro fort pour payer moins cher leurs importations, notamment celles d'énergies fossiles* où la dépendance est grande (c'est le cas de l'Allemagne) ; d'autres préféreraient un euro plus faible pour favoriser leurs exportations (c'est le cas de la France, de l'Italie, de l'Espagne et de la Grèce).

D'autres déterminants expliquent les variations des taux de change. Il faut savoir que les monnaies s'échangent comme des marchandises sur un marché nommé le FOREX qui brasse l'équivalent de plus de 7 000 milliards de dollars par jour. Les variations de la valeur d'une monnaie par rapport à une autre peuvent donc dépendre de plusieurs facteurs à la fois économiques, financiers et psychologiques.

Les déterminants économiques sont liés à la situation du pays. Ainsi, si un pays a une balance commerciale déficitaire, ses biens étant moins demandés, alors sa monnaie se dépréciera. Prenons l'exemple du Liban. Dans ce pays, la plupart des biens sont importés et les biens exportés sont peu nombreux. De ce fait, la monnaie se déprécie considérablement et le prix des importations augmente, plaçant le pays dans une situation encore plus difficile.

À cela peuvent s'ajouter des déterminants financiers comme le taux d'intérêt. Si la banque centrale d'un pays décide de relever ses taux d'intérêt, cela peut entraîner un afflux de capitaux étrangers qui fera augmenter la valeur de la monnaie. Par exemple, à la fin des années 1970 aux États-Unis, la Réserve fédérale décida de combattre l'inflation par une forte remontée des taux d'intérêt. L'une des conséquences fut l'appréciation vive du dollar jusqu'en septembre 1985. C'est également le cas aujourd'hui, où la remontée des taux américains redonne du tonus au dollar américain mais se fait au détriment des pays émergents d'Amérique latine, car les capitaux de ces pays sont aspirés par les États-Unis.

Enfin, il faut compter avec les déterminants psychologiques qui alimentent la spéculation. Ce sont les acteurs de marché qui font des paris sur les appréciations ou les dépréciations potentielles d'une monnaie, de sorte que certaines peuvent s'envoler ou s'effondrer. Par exemple dans le contexte de crise géopolitique (guerre en Ukraine) et économique (reprise économique post-Covid) actuel, le dollar américain apparaît comme une valeur refuge alors que l'euro suscite plus d'inquiétude du fait de sa proximité avec le conflit et de l'interdépendance énergétique de l'Europe vis-à-vis de la Russie.

L'impact du taux de change sur l'économie est abstrait pour la majorité des citoyens. Pourtant il peut être énorme, non seulement sur le prix des biens que nous consommons mais également sur les débouchés offerts à ce que nous produisons.

Si la monnaie se déprécie, cela peut avantager certaines entreprises orientées vers l'export mais affecter d'autres personnes lorsqu'elles achèteront des biens importés.

Voir* : Zone euro

Taxe carbone sur les carburants

Taxe s'ajoutant aux taxes sur les prix de l'essence. Son but, en l'appliquant sur un bien polluant, est d'en réduire la consommation en jouant sur le signal prix*. C'est le fameux principe du pollueur-payeur soutenu par de nombreux économistes.

Mais cette taxe carbone est doublement injuste car elle ne tient pas compte de la situation économique et géographique du consommateur qui la paie. Quels que soient la zone d'habitation (centre-ville, banlieue, rurale), le type d'utilisation du véhicule (trajet domicile-travail ou pour les loisirs, possibilité d'utilisation de transports collectifs ou non) ou la situation du conducteur (cadre supérieur ou chômeur), la taxe carbone est constante. Cette dernière pèse donc davantage sur les ménages modestes que sur les ménages aisés et ne tient pas compte des inégalités territoriales pour ce qui est de l'accès aux transports en commun.

En effet, tous les citoyens n'ont pas le choix entre utiliser leur voiture ou les transports en commun. À Paris, le taux d'utilisation d'un véhicule particulier pour le trajet domicile-travail est de 13 % contre presque 85 % dans certaines régions. Cet écart ne s'explique pas par le goût plus prononcé des Parisiens pour les transports en commun mais par le fait que, contrairement à la grande majorité des Français, ils disposent d'une offre de transports. Une augmentation du prix de l'essence via la taxe carbone entraîne donc une hausse de la dépense contrainte pour les habitants des zones rurales. Certes des travaux démontrent l'efficacité de la fiscalité sur la réduction de la consommation de carburants mais cette efficacité apparaît plutôt sur le long terme. En effet, sur un horizon de court terme, face à une augmentation des prix, le consommateur n'a comme levier que l'adoption d'une conduite plus économe, ce qui limite très fortement sa marge de manœuvre. En revanche, à long terme, au moment du renouvellement de sa voiture, le consommateur va opter pour un modèle plus économe en carburant.

L'efficience du signal prix sur le long terme confirme donc le caractère dissuasif de la taxe carbone. Cependant, compte tenu de la faible capacité d'adaptation des consommateurs sur le court terme et de l'inégalité des taux d'efforts en fonction des revenus et du département d'habitation, les tentatives de hausse des taxes continueront à rencontrer une forte opposition dans la population (à l'instar du mouvement des Gilets jaunes). L'enjeu serait d'augmenter la fiscalité pour inciter les consommateurs à changer de comportement tout en essayant de la rendre plus juste (c'est-à-dire plus progressive) et supportable pour les ménages les plus modestes. Cela pourrait correspondre à une taxation plus élevée pour ceux qui disposent d'une offre de transports mais choisissent des voitures à forte cylindrée. Dans ces conditions, la taxe carbone serait d'autant plus efficace qu'elle contraindrait ceux qui peuvent ajuster leur comportement et reposerait réellement sur le principe du « pollueur-payeur » plutôt que sur celui du « pauvre-payeur ».

Voir* : Carburants (prix des), Signal prix

Traités européens

Les traités européens reviennent souvent dans le débat public pour souligner nos obligations ou nos impuissances. Pour les européistes acquis à l'Union, les respecter est un devoir et engage notre crédibilité vis-à-vis de nos partenaires. Pour les critiques de la construction européenne, ils sont l'expression d'un encadrement de nos politiques économiques et sociales. Il faut donc soit leur désobéir, soit les renégocier. Ou encore, pour les plus extrêmes, claquer la porte.

Mais que cachent les traités européens ? Essayons d'y voir clair. La construction européenne repose sur deux piliers principaux : le droit et l'économie*. Après plus de soixante-dix ans de construction européenne, c'est le droit qui en constitue le plus puissant moteur. Un droit de plus en plus dédié aux affaires, qui s'est mis au service des libertés économiques plus que des droits sociaux.

Les traités européens sont des textes souvent très longs. Beaucoup d'entre eux comptent des centaines de pages, voire des milliers. Ils font l'objet de négociations longues et difficiles puis sont rédigés par des juristes assistés par des experts dans différents domaines. À partir de ces textes, des lois nommées « directives » dans le langage européen vont voir le jour. La grande gardienne de ces édifices de papier est la Cour de justice de l'Union européenne.

Dans le cadre de la construction européenne, les deux traités majeurs sont le traité sur l'Union européenne et celui sur son fonctionnement. Le premier a été signé à Maastricht en 1992 et a été modifié à plusieurs reprises jusqu'au traité de Lisbonne en 2009. Il définit les objectifs de l'Union, ses principes, l'organisation des institutions, les procédures pour les modifier. Le second définit les compétences de l'Union européenne, les règles de fonctionnement des institutions européennes. Il trouve ses origines dans le traité de Rome qui donne naissance à la Communauté européenne. À partir de 2012, un nouveau traité intitulé « traité sur la stabilité, la coordination et la gouvernance » (TSCG) renforçant les deux premiers a été adopté par les États membres.

Parmi les plus célèbres règles auxquelles les États ont accepté de se soumettre figure l'interdiction d'une dette publique* supérieure à 60 % du PIB* et d'un déficit public* supérieur à 3 % du PIB. Il est arrivé à plusieurs reprises que des États enfreignent ces interdictions. Par exemple, en 2005, cinq pays de la zone euro* avaient un déficit supérieur à 3 %. Cela a également été le cas lors de crises majeures comme celle de 2008 (crise des subprimes* en Europe) ou de 2020 (crise du Covid). Mais, de manière générale, ces traités imposent des règles du jeu très orientées. Elles visent souvent à encadrer la dépense publique* et ne portent jamais sur les méfaits de la financiarisation des économies, l'évasion fiscale* ou même le respect des engagements contractés dans la lutte contre le réchauffement climatique.

Modifier les traités européens est très difficile car cela ne peut se faire qu'à l'unanimité des États membres. Dénoncer les traités et ne plus reconnaître la primauté du droit européen sur le droit national, c'est sortir de l'Union européenne. Quand les Anglais ont quitté l'Union, la négociation a été très longue car elle consistait, *in fine*, à écrire un nouveau traité pour régir les rapports entre l'Angleterre et le reste de l'Union. Les échanges se poursuivent donc mais avec d'autres arrangements juridiques. Or le Brexit était une sortie « facile » de l'Union européenne, car le pays n'appartenait pas à la zone euro. Un Frexit serait une autre aventure car il faudrait également prendre en compte l'impact d'une désintégration monétaire (qui pourrait notamment entraîner des attaques spéculatives sur la dette publique). Reste la possibilité d'ouvrir une crise pour réorienter les politiques européennes. Elle n'a pas encore été tentée par une grande puissance de la zone euro.

Voir* : Dépense publique, Marché unique, Zone euro

Traités de libre-échange de nouvelle génération

Traités visant à favoriser les échanges entre l'Union européenne et d'autres pays. Le terme « nouvelle génération » signifie que ces accords traitent des obstacles au commerce derrière les frontières, c'est-à-dire sur les normes établies à l'intérieur d'un pays, contrairement aux anciens traités qui se focalisaient sur les barrières douanières. Les normes pouvant être différentes d'un pays à l'autre et représenter des obstacles, le but est d'harmoniser ces normes afin qu'il n'y ait plus aucune (ou quasiment aucune) entrave à la libre circulation des biens et services.

À partir de 2006, l'Union européenne met en place une stratégie nommée « Global Europe : Competing in the World[53] » visant à signer des accords de libre-échange de nouvelle génération avec ses principaux partenaires commerciaux. C'est dans le cadre de cette stratégie que s'inscrivent les fameux traités transatlantiques TAFTA (abandonné depuis) et CETA négociés avec les États-Unis et le Canada, mais d'autres ont déjà été signés avec le Pérou, la Colombie, le Honduras, le Nicaragua ou la Corée du Sud. Il faut croire que la construction d'un marché où vingt-sept États mettent déjà en concurrence leur modèle social* et leur fiscalité* ne suffisait pas à la Commission européenne. Il a fallu qu'elle aille plus loin en facilitant l'accès à des concurrents extérieurs au marché européen. Tout ce que nous vivons aujourd'hui en Europe, la concurrence fiscale du Luxembourg et de l'Irlande pour attirer les sièges sociaux des plus grosses entreprises, la compétition portant sur le coût du travail qui entraîne des délocalisations dans les pays de l'Est, celle portant sur les réglementations qui entraîne la casse du droit du travail et la baisse des normes environnementales, tout cela va être amplifié avec ce type de traités. Ces traités représentent des chocs de concurrence de forte ampleur puisqu'un nombre croissant de secteurs se trouvent brutalement exposés à de nouveaux concurrents. La Commission européenne ne s'est pas trompée lorsqu'elle voyait dans ces traités l'occasion d'engager des réformes dites structurelles* pour répondre à ce nouvel état de fait. Ces traités de nouvelle génération obligent alors à engager des politiques de compétitivité qui poussent à une concurrence déloyale entre États européens, ces derniers voulant se disputer les investissements directs qui pourraient arriver dans l'Union européenne.

Voir* : Marché unique, Réformes structurelles, Tribunaux arbitraux

Travailler plus

Vieille marotte de droite qui laisserait entendre que les pays qui travaillent davantage que la France ont une économie plus prospère. Or cette affirmation est fausse tant dans les faits que d'un point de vue théorique. Les pays qui travaillent le plus sont loin d'être les plus riches, c'est même l'inverse.

Prenons l'exemple du Bangladesh, le troisième producteur de textile au monde, les horaires y dépassent soixante-dix heures par semaine pour des salaires qui atteignent péniblement les 70 dollars mensuels. D'autres pays comme l'Égypte ou le Pérou travaillent environ cinquante-cinq heures par semaine. Dans les pays riches, on travaille moins et le temps de travail a tendance à diminuer. Par exemple, entre 1997 et 2014, le pays de l'OCDE ayant le plus diminué son temps de travail par salarié est l'Autriche, suivie de l'Irlande et de l'Allemagne. La France est en 5e position, et tous les pays de l'OCDE ont réduit leur temps de travail sur cette période – à l'exception de la Grèce, qui l'a augmenté. En France, la durée du travail a été divisée par deux en un siècle, en même temps que le revenu moyen augmentait de façon considérable. Cela s'explique par le fait que la production effectuée aujourd'hui par une personne vaut 25 fois celle d'un travailleur de 1830 (pour une durée égale de travail, un homme a multiplié par 25 la quantité de biens produits).

Comment a-t-on pu travailler moins et produire plus ? Tout simplement parce que nous avons amélioré notre productivité*. Or, la productivité dépend des infrastructures, des technologies, de l'organisation du travail et de la qualification des individus. La création de richesse est donc un processus complexe qui ne se résume pas uniquement à l'allongement du temps de travail. D'autres aspects, notamment le type de travail ou les filières (comme le choix de secteurs d'avenir, moins soumis à la concurrence et bénéficiant donc de prix plus élevés), ont une influence beaucoup plus forte sur la création de valeur. Et n'oublions pas : c'est parce que nous travaillons moins que nous vivons plus longtemps.

Voir* : Bullshit théories économiques, Récit

Trente Glorieuses

Période allant de l'après-guerre au début des années 1970. Elle est synonyme pour certains de croissance, de plein emploi, de naissance de la classe moyenne et du développement de la société de consommation, et, pour d'autres, le symbole du productivisme sans contrôle et de l'absence de prise en compte des limites de la planète.

Malgré les critiques légitimes que l'on peut faire de cette période sur le plan écologique, elle est intéressante à plusieurs égards d'un point de vue économique. Elle est caractérisée par une logique plus interventionniste de l'État tant dans son rôle de protecteur (État providence) que de stratège (État investisseur). L'État régule les marchés et les prix, crée des monopoles publics dans l'énergie, les transports et les télécommunications. Des protections sont offertes aux salariés avec la mensualisation des salaires, les congés maternité, l'assurance chômage ou les retraites. Enfin, les fruits de la croissance sont mieux redistribués. Comme le démontre Thomas Piketty, entre 1950 et 1983, les revenus progressaient de près de 4 % par an pour l'immense majorité de la population contre 1 % pour les hauts revenus, alors qu'entre 1983 et 2015 (après le tournant libéral) le revenu moyen de la majorité de la population a progressé de moins d'1 % par an quand il a explosé pour les 1 % (une augmentation de 100 % sur la période)[54]. C'est cette politique plus redistributive qui a permis de mieux partager les fruits de la croissance et donné au plus grand nombre accès à la société de consommation, créant ce qu'on appelle communément la classe moyenne. Pendant les Trente Glorieuses, la croissance économique s'accompagne donc de progrès social.

Cependant cela ne tient pas tant à une relation économique parfaitement établie entre croissance économique et progrès social qu'au contexte politique de l'époque. Au lendemain de la Seconde Guerre mondiale, le compromis social se fait dans un contexte où le libéralisme est rendu responsable de la montée du nazisme et du fascisme, et où il existe un contre-modèle – lui aussi, victorieux : l'URSS. Le Parti communiste, alors le premier parti de France, inquiète le monde des affaires et l'oblige à développer, pour reprendre le terme du sociologue et philosophe Michel Clouscard, un capitalisme de la séduction. C'est de ce rapport de force qu'est né le compromis social, protecteur et redistributif qui a duré jusque dans les années 1970.

Mais alors pourquoi les Trente Glorieuses se sont-elles arrêtées ? À la suite des crises pétrolières dans les années 1970 orchestrées par l'OPEP, les prix du pétrole ont augmenté. Les grandes entreprises ont alors été confrontées à deux chocs simultanés : une hausse des coûts de production par suite de celle des prix du pétrole et une saturation des besoins car les ménages, au cours des Trente Glorieuses, s'étaient fortement équipés. C'est dans ce contexte que les représentants du patronat ont milité fortement pour baisser la fiscalité*, déréglementer les marchés financiers – afin d'obtenir plus facilement des financements – et rendre flexible le marché du travail – pour abaisser le coût du travail. Le tournant libéral s'engageait.

Pourtant, une autre sortie de crise aurait été possible. Alors que le premier sommet de la Terre avait eu lieu en 1972 à Stockholm, que le rapport Meadows sur les limites de la croissance avait été publié la même année, nos dirigeants, plutôt que de vouloir répondre à la saturation des débouchés intérieurs par la recherche de débouchés extérieurs en compressant les coûts et en abaissant les réglementations, auraient pu profiter de la hausse des prix du pétrole pour changer notre modèle économique et engager une transition énergétique et écologique.

Voir* : Économie, Récit

Tribunaux arbitraux

Le tribunal arbitral est un organisme qui permet de régler des litiges de nature commerciale entre un investisseur et un État. La particularité est qu'il soustrait le litige aux cours de justice nationales ou européennes, lequel est donc soumis à une instance arbitrale supranationale. Le recours aux tribunaux arbitraux figure dans tous les traités de libre-échange de nouvelle génération* que signe l'Union européenne.

Ce mécanisme contient pourtant des dangers évidents, car les entreprises pourraient saisir ce type d'instance pour combattre efficacement ce qui relève de préférences collectives en matière sanitaire ou alimentaire, pour ne citer que ces domaines. Désormais, n'importe quelle loi ou n'importe quel choix politique peut être perçu comme une entrave à l'investissement de l'entreprise et faire l'objet d'une contestation devant ces tribunaux. Par exemple, dans le cadre du traité de libre-échange États-Unis/Équateur, le Centre international de règlement des différends sur l'investissement (CIRDI) a condamné l'Équateur à payer 1,77 milliard de dollars à Occidental Petroleum car l'Équateur a mis fin à un contrat avec l'entreprise qui ne respectait pas ses obligations. Le cigarettier Philip Morris a utilisé la même procédure en 2010-2011 contre les gouvernements de l'Uruguay et de l'Australie car ces nations menaient des campagnes anti-tabac. De nombreuses manifestations contre ces tribunaux ont eu lieu pendant les négociations du TAFTA et du CETA. La Commission européenne avait même organisé une consultation en ligne concernant les tribunaux arbitraux du TAFTA. 95 % des citoyens européens qui ont participé à cette consultation ont répondu « non ». Pourtant, aujourd'hui, le recours à ces tribunaux est inscrit noir sur blanc dans tous les traités de libre-échange signés par la Commission.

Voir* : Libre-échange, Traités de libre-échange de nouvelle génération

U

Ubérisation de l'économie

Ubérisation de l'économie

Expression faisant partie de la palette des fantasmes entourant la start-up nation. Emmanuel Macron, en 2015, alors qu'il était ministre de l'Économie, vantait les bienfaits d'une « ubérisation de l'économie » et a fait en partie sa campagne de 2017 autour de ce thème. Mais ce néologisme, fabriqué à partir du nom de la célèbre compagnie Uber, est surtout la porte d'entrée pour comprendre les mutations majeures qui affectent notre organisation productive. Lorsque la compagnie Uber, qui offre un service de voitures avec chauffeur, est arrivée sur les marchés mondiaux, elle a bouleversé l'activité de taxi jusque-là en monopole. Ce choc de concurrence n'a pas seulement eu un impact sur les prix, il a modifié notre système économique qui, loin d'être parfait, offrait néanmoins un statut plus protecteur aux travailleurs.

La capitalisme de plateforme s'étend aujourd'hui à de nombreuses activités : services bancaires, hôtellerie, restauration, etc. Il fonctionne grâce à la mise en œuvre d'algorithmes de mises en relation. De la sorte, se créent de nouvelles relations commerciales qui peuvent prendre des configurations variées comme « business to consumer », « business to business » ou encore « consumer to consumer ». Les promesses de cette ubérisation de l'économie allaient de l'enrichissement à l'amélioration du bien-être des consommateurs (des repas à domicile, des courses moins chères, des logements à travers le monde). Il incarnait également cette nouvelle économie dématérialisée où l'on peut être le premier hôtelier du monde, Airbnb, sans posséder le moindre hôtel. Mais l'ubérisation de l'économie, sous ses habits séduisants, cache en réalité une offensive massive contre le salariat contemporain et ouvre la voie à un retour à des modes de production très anciens, antérieurs à l'âge industriel.

Le salariat a une histoire heurtée faite d'exploitation, de luttes, de défaites et de droits obtenus. À partir de la Seconde Guerre mondiale, les conditions du travailleur vont s'améliorer et le travail va être assorti à un ensemble de droits (contrat à durée indéterminé, mensualisation des salaires, etc.). De la sorte, le travail permet désormais à l'individu de se projeter dans l'avenir. Avec le capitalisme de plateforme, c'est tout l'inverse. Le contrat à durée indéterminée est remplacé par le statut d'autoentrepreneur et la société Uber n'est plus obligée de garantir un certain nombre de droits aux chauffeurs (congés payés, etc.). Ni même de fournir le matériel puisque c'est le chauffeur UBER ou l'employé Deliveroo qui achètent leur propre véhicule ou vélo. Pourtant des liens de subordination existent entre la plateforme et les chauffeurs, comme l'ont prouvé plusieurs décisions de justice dans le monde. En fait, l'ubérisation de l'économie entraîne une polarisation des emplois entre d'un côté des emplois hautement qualifiés nécessaires pour concevoir et penser les plateformes, et de l'autre des emplois précaires et mal payés pour réaliser les services qu'elles proposent. Le plus étonnant est que la pression fiscale est plus forte sur les chauffeurs que sur la plateforme qui les « emploie ».

En résumé, nous pouvons dire que l'ubérisation de l'économie est facteur d'inégalités, de précarisation et de déclassement. Son développement (touchant désormais plusieurs pans de l'économie) déstabilise le salariat tout en opposant les travailleurs entre eux (les « protégés » et les « ubérisés »).

Voir* : Flexibilité du marché du travail, GAFAM, NATU

V

V (reprise en)

V (reprise en)

Avec la crise des subprimes* est apparu dans le débat public un alphabet de la reprise pour caractériser la forme qu'allait prendre le redémarrage de l'économie. En fonction des indicateurs du moment, les économistes* les plus optimistes ont annoncé une reprise en V, d'autres plus inquiets en W, en U, en $\sqrt{}$ ou, pour les plus pessimistes, en L.

La reprise en V se caractérise par un retour rapide au niveau de richesse d'avant crise, quand celle en W prendrait la trajectoire du V mais serait suivie par une nouvelle crise elle-même suivie d'une reprise. Celle en U serait de son côté caractérisée par un palier bas prolongé contrairement au rebond rapide du V et celle en $\sqrt{}$ nuancerait le V puisque la branche finale de la racine carrée indique une reprise suivie d'une croissance atone. Enfin, la reprise en L indique une récession durable.

On retrouve une de ces lettres à la suite de plusieurs crises passées. Par exemple, la reprise consécutive à la crise de 1929 aurait plus la forme du W, celle qui a suivi les chocs pétroliers des années 1970 se rapprocherait plus du U, et on trouverait un V après l'éclatement de la bulle Internet. En ce qui concerne la reprise à la suite de la crise du Covid-19, certains la qualifiaient de V, d'autres dont je fais partie la voyaient comme un $\sqrt{\ }$ (reprise soutenue par les plans de relance puis rapidement cassée par un tournant austéritaire, comme lors de la crise des dettes souveraines* en Europe). Cependant le conflit entre la Russie et l'Ukraine est venu ajouter un facteur supplémentaire qui rend difficile, pour le moment, toute prévision sur la forme de la reprise.

Voir* : Crise des dettes souveraines (ou crise de la zone euro), Crise des subprimes

W

Washington (consensus de)

Washington (consensus de)

Terme inventé par l'économiste John Williamson à la fin des années 1980 pour décrire un ensemble de recommandations économiques d'inspiration libérale à destination des pays en développement*. On parle de « consensus de Washington » parce qu'il y avait un consensus entre les grandes institutions de Washington, à savoir la Banque mondiale, le FMI* et le département du Trésor américain. Les clés du développement se résument à « stabiliser, privatiser et libéraliser » et les recommandations qui en découlent sont assez classiques : déréglementer l'économie, encourager les privatisations, ouvrir l'économie aux investisseurs étrangers, réduire la dépense publique.

Ces recommandations vont être au cœur des plans d'ajustement structurels que le FMI va imposer aux pays en développement (principalement en Amérique latine et en Afrique subsaharienne). Les conséquences sur ces pays vont être dramatiques tant d'un point de vue économique que pour les populations les plus pauvres[55]. En Afrique subsaharienne, le taux de croissance du revenu par habitant est passé de 1,6 % dans les années 1960-1970 à 0,3 % entre 1980 et 2004 (c'est-à-dire à partir du moment où la plupart des pays ont appliqué les recommandations économiques du consensus de Washington)[56] et la population extrêmement pauvre (sous le seuil de 1,25 dollar par jour) a doublé en cinquante ans.

À partir des années 2000, face aux critiques de certains experts tel que Stiglitz et de la société civile, les politiques d'ajustement structurel vont être abandonnées au profit des documents stratégiques de réduction de la pauvreté (DSRP)* censés donner plus de pouvoir aux pays en développement. Mais l'orientation idéologique des DSRP reste la même. D'ailleurs, les programmes de réformes et d'ajustements structurels ont fait leur grand retour en Europe au moment de la crise des dettes souveraines* notamment avec une rare violence en Grèce avec les mêmes conséquences qu'en Afrique : un secteur public réduit, un marché du travail libéralisé, des privatisations et… des pauvres encore plus pauvres.

Voir* : Destruction de l'économie grecque, DSRP, FMI, Libre-échange

Y

Y

Y

Tout étudiant, lors des premières années de sa formation en économie* au lycée ou à l'université, a découvert à un moment ou à un autre la lettre Y. Dans le langage de la science économique, Y désigne la production et le revenu. Tout simplement parce que cette lettre renvoie au terme anglais *yield* qui peut être entendu comme le revenu.

La lettre est au commencement d'une fonction de production de nature microéconomique. Y est fonction du travail et du capital mobilisés pour produire. Ces derniers ont donc droit à une part de la richesse créée, en somme un revenu. Pour les travailleurs, ce sont des salaires, pour ceux qui ont financé l'achat des machines ou du matériel, ce sont les profits. En théorie économique, le salaire est la rémunération du facteur travail et le profit la rémunération du capital.

Y permet également de comprendre les moteurs de notre activité économique. En comptabilité nationale, on parle d'équilibre emplois-ressources. Les ressources sont composées de ce que nous produisons et importons, et les emplois de la consommation, de l'investissement, de la dépense publique*, de la variation des stocks et des exportations. Par cet équilibre comptable, nous pouvons examiner les moteurs de la croissance économique de chaque pays.

Ainsi, dans certains pays comme la France et les États-Unis, c'est de la consommation que dépend principalement Y. En France, la consommation des ménages représente plus de 50 % du PIB*. Dans d'autres pays comme les pays émergents, Y repose beaucoup plus sur l'investissement. Enfin, en Allemagne par exemple, Y dépend largement des exportations.

Dans cette optique, si par exemple la consommation et l'investissement privé ne sont pas suffisamment dynamiques et que l'État décide d'opérer une baisse des dépenses publiques, alors Y va s'effondrer comme nous l'avons vu dans le cas de la Grèce.

Enfin, même si Y progresse de manière continue, se posent à nous d'autres questions relatives au partage de Y (la question de la répartition des richesses*) et aux limites écologiques de la croissance de Y (la question du réchauffement climatique). Parfois avec une lettre, se déploient sous nos yeux des enjeux économiques essentiels et des mécanismes clés qui rendent l'activité économique plus lisible.

Voir* : Dépense publique, PIB

Z

ZMO (zone monétaire optimale)

Théorie développée par Robert Mundell dans les années 1960, selon laquelle si une zone géographique respecte un certain nombre de critères, il est intéressant qu'elle adopte une monnaie unique. Cette théorie a eu une influence majeure dans la création de la zone euro*. Selon l'auteur, les conditions optimales pour créer une monnaie unique (et donc abandonner le taux de change* comme outil de politique économique) sont les suivantes : la mobilité du facteur travail, le recours à des transferts budgétaires, la flexibilité des prix et des salaires.

La mobilité du travail permettrait de rééquilibrer un choc asymétrique entre deux pays (c'est-à-dire un choc touchant un pays et pas un autre) par la migration des populations d'un pays vers un autre. Avant la monnaie unique, ce choc aurait pu se rééquilibrer grâce au taux de change (par une dévaluation monétaire par exemple). Mais si deux pays ont la même monnaie (comme l'euro), la possibilité de jouer avec le taux de change disparaît. Des lors, le facteur travail doit être mobile pour jouer le rééquilibrage. Il en est de même avec les transferts budgétaires entre pays. Si un pays subit une récession, un autre de la zone doit lui donner un appui sous forme de transfert. Enfin, la flexibilité des prix et des salaires permet à un pays affecté par une récession de modifier ces prix et ces salaires pour pouvoir relancer ses exportations. D'autres critères ont été ajoutés notamment par Mc Kinnon, comme l'interdépendance des économies qui devrait les pousser à choisir une monnaie unique pour éliminer les variations imputables aux taux de change et faciliter les échanges. Ou encore celui de Kenen qui a mis en avant l'importance d'avoir une économie diversifiée pour mieux résister aux crises (une économie trop spécialisée, comme celle de certains pays pétroliers, les rendant plus vulnérables).

Si l'Europe vérifiait ces conditions, on aurait dû assister, lorsque la Grèce a été en récession, a un déplacement de la main-d'œuvre grecque vers d'autres pays comme l'Allemagne, et à un mouvement de l'épargne allemande vers la Grèce (qui a des besoins de financement du fait de la crise). Or, dans les faits, même si 500 000 jeunes Grecs ont quand même quitté la Grèce, nous n'avons pas assisté à des mouvements suffisants pour endiguer le choc. De manière générale, la mobilité de la main-d'œuvre européenne est inférieure à celle des États-Unis. Concernant les transferts budgétaires, les règles du pacte de stabilité et de croissance contraignent le budget et interdisent tout transfert entre États.

Alors pourquoi, sachant que tous les critères n'étaient pas réunis, les dirigeants européens ont-ils décidé d'adopter une monnaie unique ? Parce que nos dirigeants européens, s'appuyant sur certains travaux d'économistes*, ont parié que, même si les critères n'étaient remplis que de manière relative, l'existence d'une union monétaire dynamiserait les échanges et donc ferait converger les nations économiquement.

Le bilan des vingt premières années de l'euro est mauvais. L'accès à la monnaie unique n'a pas provoqué l'accélération promise de la croissance économique dans les grands pays, les économies n'ont pas convergé (au contraire, les déséquilibres entre pays du Nord et du Sud se sont creusés), tous les ajustements du taux de change ont été reportés sur le travail, enfin la zone euro n'a pas été un bouclier contre la crise de 2007 et a été plus durement et durablement touchée que le reste du monde.

Voir* : Taux de change, Zone euro

Zone euro

La zone euro désigne un ensemble de pays qui ont abandonné leur monnaie nationale au profit d'une seule : l'euro. Elle est actuellement composée de dix-neuf pays, bientôt vingt avec l'entrée de la Croatie prévue en 2023. Le grand patron de cette zone est la Banque centrale européenne (BCE)*. Les banques centrales nationales lui sont désormais subordonnées. Les pays, pour en faire partie, doivent respecter un certain nombre de critères en matière budgétaire, portant notamment sur la dette publique* et le déficit public*. La zone euro n'est donc pas seulement une monnaie mise en partage, ce sont aussi des règles budgétaires (critères de Maastricht, pacte de stabilité et de croissance, traité sur la stabilité, la coordination et la gouvernance) que chaque État membre est obligé de respecter.

La zone euro est un édifice supplémentaire au marché unique*. En supprimant la volatilité des taux de change*, elle facilite le commerce entre États. Mais la monnaie unique impose aussi une rigidité monétaire aux membres de la zone (impossible de faire des dévaluations monétaires), ce qui a entraîné une mise en compétition des modèles sociaux et fiscaux des différents pays. Et comme l'Allemagne s'est mise à pratiquer une intense modération salariale, les entreprises des pays exposés à la concurrence des produits allemands ont dû suivre. Cette compétition s'est traduite par de nombreuses dévaluations fiscales et salariales. En France, le pacte de responsabilité et de solidarité – offrant une baisse de charges aux entreprises – avait comme objectif principal de rendre le coût du travail plus faible en France qu'en Allemagne. Ce jeu mortifère n'est possible que parce que l'ensemble des pays partagent la même monnaie. Sans l'euro, le deutsche mark se serait apprécié et le franc (tout comme les autres monnaies européennes) se serait déprécié, ce qui aurait permis aux entreprises françaises de retrouver leur compétitivité. En réalité, la rigidité monétaire et budgétaire a été renforcée par l'euro, faisant porter tous les ajustements sur le travail.

Comme l'a écrit Frédéric Lordon, la zone euro est une malfaçon. Certains pensent qu'elle est réformable par de meilleures règles budgétaires, la création d'une union bancaire et des mécanismes d'assistance et de solidarité renforcés. D'autres sont plus pessimistes car ils jugent qu'il ne pourra jamais y avoir, au sein de la zone, une politique monétaire qui puisse convenir à des pays qui connaissent des niveaux de développement aussi différents (ce qui entraîne des tensions entre pays sur le niveau de l'euro par rapport au dollar).

Pour certains pays, demeurer dans l'euro revient à payer le prix de l'austérité, comme la montré l'exemple de la Grèce qui, après 2015, ne s'est maintenue dans la zone qu'au prix d'un ajustement particulièrement violent. La quitter est un risque que peu sont prêts à assumer car personne n'a jamais assisté à une désintégration monétaire d'une telle ampleur. Rien de comparable avec le Brexit, puisque le Royaume-Uni n'était pas dans la zone euro, ni même avec la sortie des pays satellites de l'URSS. Les conséquences sur le court terme seraient brutales, notamment sur le coût de la dette qui pourrait littéralement s'envoler. La voie consistant à ouvrir une violente crise au sein de la zone euro pour remettre en cause un certain nombre de règles semble être la meilleure. Elle est un préalable nécessaire pour pouvoir mener une politique ambitieuse d'investissement dans nos services publics (éducation, hôpitaux, transports, etc.).

Voir* : BCE, Destruction de l'économie grecque, Marché unique, Miracle allemand

Notes

1. B. Griveaux, « Les 4 vérités », France Info, 6 octobre 2017.
2. https://webgate.ec.europa.eu/labref/application#!searchPublic
3. « Muriel Pénicaud, présidente éclair d'Aware », *Libération*, 5 avril 2021.
4. « Carrières précaires : les femmes deux fois plus touchées que les hommes », *La Tribune*, 18 janvier 2018.
5. « Limiter les écarts de salaire : une urgence sociale et écologique », *Libération*, 19 février 2019.
6. H. Sterdyniak, « Y a-t-il trop d'aides sociales en France ? », *Blog Les économistes atterrés*, 2018.
7. O. J. Blanchard, D. Leigh, « Growth forecast errors and fiscal multipliers », *American Economic Review*, vol 103, n° 3, 2013.
8. « Emmanuel Macron : Mon projet économique », *Les Échos*, 23 février 2017.
9. France Stratégie, *Évaluation du crédit d'impôt pour la compétitivité et l'emploi*, septembre 2020.
10. Économistes atterrés, « 2018 : un budget de classe », 18 octobre 2017.
11. « Suppression de l'ISF, Flat tax : le ruissellement promis par Emmanuel Macron n'a pas eu lieu selon France Stratégie », *Le Monde*, 14 octobre 2021.
12. H.-J. Chang, *2 ou 3 choses que l'on ne vous dit jamais sur la capitalisme*, Le Seuil, 2012.
13. A. Bazin, E. Assassi, *Un phénomène tentaculaire : l'influence croissante des cabinets de conseil sur les politiques publiques*, Rapport du Sénat, mars 2022.

14. Pôle emploi, *Le contrôle de la recherche d'emploi : l'impact sur le parcours des demandeurs d'emploi*, Statistiques, études et évaluations, août 2018.
15. « Réformes de l'assurance chômage : 850 000 personnes touchées par le durcissement des règles », *Le Monde*, 31 octobre 2019.
16. C. Mcglade et P. Ekins, « The geographical distribution of fossil fuels unused when limiting global warming to 2 C », *Nature*, vol. 517, n° 7533, 2015.
17. J. Fourquet et J.-L. Cassely, *La France sous nos yeux*, Le Seuil, 2021.
18. Chiffres compilés par Okeanews à partir de chiffres provenant d'Eurostat, ELSTAT, la Banque de Grèce, l'Institut du travail de la confédération générale des travailleurs de Grèce, et l'Institut de recherche universitaire de santé mentale (EPIPSY). Voir également l'infographie réalisée par *Regards* : http://www.regards.fr/actu/economie/austerite-en-grece-les-chiffres-du,7743
19. A. Yakita, « Sustainability of public debt, public capital formation and endogenous growth in an overlapping generations setting », *Journal of public economics*, n° 92, 2008.
20. « Volkswagen a voulu cacher les résultats "dévastateurs" des tests sur les singes », *Le Parisien*, 31 janvier 2018.
21. T. Piketty, *Aux urnes, citoyens !*, Les liens qui libèrent, 2016.
22. Haut conseil de la coopération internationale, *Rapport du gouvernement sur les activités du Fonds monétaire international et de la Banque mondiale*, 23 août 2000.
23. R. Pollin, J. Heintz et H. Garrett-Peltier, « The economic benefits of investing in clean energy: how the economic stimulus program and new legislation can boost US economic growth and employment », *Political Economy Research Institute*, University of Massachusetts, 2009.
24. E. Bocquet, *Commission d'enquête sur l'évasion des capitaux et des actifs hors de France et ses incidences fiscales*, Rapport n° 673, juillet 2012.
25. Soit l'aptitude de l'entreprise à rémunérer les actionnaires.
26. Voir LABREF : https://webgate.ec.europa.eu/labref/application#!searchPublic
27. INSEE, *Emploi et salaires*, 2014.
28. CAE, « Protection de l'emploi, emploi et chômage », *Focus*, n° 3, 2015.
29. C. Ramaux, « Il faut se méfier des discours visant à "réduire la dépense publique", *Le Monde*, 12 février 2019.
30. R. J. Barro, « Inflation and growth », *Review-Federal Reserve Bank of Saint Louis*, 1996, vol. 78, p. 153-169 ou M. Sarel Arel, « Nonlinear

effects of inflation on economic growth », *Staff Papers*, 1996, vol. 43, n° 1.
31. M. Mazzucato, *L'État entrepreneur*, Fayard, 2020.
32. M. Husson, « Le partage de la valeur ajoutée en Europe », *La Revue de l'Ires*, n° 64, 2010.
33. R. Abdelal, « Le consensus de Paris : la France et les règles de la Finance mondiale », *Critique internationale*, n° 28, juillet-septembre 2005.
34. Pour simplifier, on définit le marché spot comme le marché des transactions horaires. Le prix spot correspond donc au prix horaire de l'électricité.
35. R. H. Boroumand, « Electricity markets and oligopolistic behaviors: The impact of a multimarket structure », *Research in International Business and Finance*, vol. 33, 2014.
36. A. Deaton, « Instruments, randomization, and learning about development », *Journal of Economic Literature*, vol. 48, n° 2, p. 424-455, 2010.
37. O. Godechot, « L'Alsace-Lorraine peut-elle décider des 35 heures ? », *Notes et Documents de l'OSC*, série Débats et Controverses, n° 2016, 4 octobre 2016.
38. J. Lowe, *Warren Buffet speak: Wit and Wisdom from the World's Greatest Investor,* New York, John Wiley, 1997.
39. L. Chancel, *Insoutenables inégalités*, Les petits matins, 2017.
40. On peut citer notamment l'étude de l'OCDE, *Tous concernés : pourquoi moins d'inégalité profite à tous*, éditions OCDE, 2015.
41. J. Stiglitz, « Rendre le commerce équitable », in *Un autre monde*, Fayard, 2006.
42. H.-J. Chang, *Le Protectionnisme et ses ennemis*, Les liens qui libèrent, 2012.
43. A. Bénassy-Quéré, « Lecture estivale : le plan national de relance et de résilience », 13 juillet 2021.
44. « L'État doit-il liquider ses bijoux de famille ? », France Culture.
45. D. Mangan, « Medicals bills are the biggest cause of US bankruptcies: study », *CNBC*, juin 2013.
46. A. Rüdinger, « La rénovation thermique des bâtiments en France et en Allemagne : quels enseignements pour le débat sur la transition énergétique ? », *Working paper IDDRI*, n° 7, 2013.
47. R. Pollin, J. Heintz et H. Garrett-Peltier, « The Economic Benefits of Investing in Clean Energy: How the economic stimulus program and new legislation can boost US economic growth and employment », *Political Economy Research Institute*, University of Massachusetts, 2009.

48. G. Clark, *The Son also rises. Surnames and the history of social mobility*, Princeton University Press, 2014.
49. INSEE, « Redistribution monétaire – France, portrait social », 3 décembre 2020.
50. P. Le Clezio, *Prélèvements obligatoires : compréhension, efficacité économique et justice sociale*, Rapport du Conseil économique et social, 2005.
51. Le fait de diminuer sa demande quand le prix augmente (comparaison en pourcentage).
52. Le fait de choisir un autre bien quand le prix d'un bien donné augmente (comparaison en pourcentage).
53. Commission européenne, « Global Europe: Competing in the world », 4 octobre 2006.
54. T. Piketty, « De l'inégalité en France », *Le blog de Thomas Piketty*, 18 avril 2017.
55. E. Berr et F. Combarnous mesurent l'impact des recommandations du consensus de Washington sur 98 pays en développement de 1980 à 2000. Ils montrent que les pays ayant appliqué fidèlement les recommandations n'ont pas eu de meilleurs résultats économiques tout en devant subir les conséquences sociales de l'ajustement. Voir E. Berr et F. Combarnous, « L'impact du consensus de Washington sur les pays en développement : une évaluation empirique », *Working paper Centre d'économie du développement*, 2004.
56. H.-J. Chang, « Histoire économique du monde développé : leçons pour l'Afrique », *Séminaire organisé dans le cadre du Programme des conférenciers éminents de la Banque africaine de développement*, 26 février 2009.

Bibliographie

R. H. Boroumand, « Electricity markets and oligopolistic behaviors: The impact of a multimarket structure », *Research in International Business and Finance*, vol. 33, 2014.

R. H. Boroumand, S. Goutte, S. Porcher et T. Porcher, « Asymmetric evidence of gasoline price responses in France: a Markov-switching approach », *Economic Modelling*, vol. 52, 2016.

R. H. Boroumand, S. Goutte, S. Porcher et T. Porcher, « Jumps and volatility dynamics in agricultural commodity spot prices », *Applied economics*, vol. 49, n° 40, 2017.

R. H. Boroumand, S. Goutte, T. Porcher et T. Stocker, « A fair and progressive carbon price for a sustainable economy », *Journal of environmental management*, vol. 303, 2022.

R. H. Boroumand, S. Goutte et T. Porcher, *20 idées reçues sur l'énergie*, De Boeck, 2e édition, 2018.

R. H. Boroumand, S. Goutte, T. Péran et T. Porcher, « Worker mobility and the purchase of low CO_2 emission vehicles in France: a datamining approach », *European Journal of comparative economics*, 2019.

D. Cayla, *L'Économie du réel*, De Boeck, 2018.

H.-J. Chang, *Kicking away the ladder*, Londres, Anthem Press, 2002.

H.-J. Chang, *2 ou 3 choses que l'on ne vous dit jamais sur le capitalisme*, Seuil, 2012.

J.-M. Chevalier, M. Cruciani et P. Geoffron, *Transition énergétique : les vrais choix*, Odile Jacob, 2013.

Les économistes atterrés (P. Askenazy, T. Coutrot, A. Orléan, H. Sterdyniak), *Manifeste d'économistes atterrés*, 2010.

Les économistes atterrés (H. Sterdyniak, D. Cayla, A. Jatteau, D. Lang, P. Légé, C. Mathieu, T. Porcher, C. Ramaux et G. Rotillon), *Macron, un mauvais tournant*, Les liens qui libèrent, 2018.

Les économistes atterrés (E. Berr, L. Charles, A. Jatteau, J. Marie, A. Pellegris), *La Dette publique, précis d'économie citoyenne*, Seuil, 2021.

F. Farah, *Europe : la grande liquidation démocratique*, Bréal, 2017.

J. Fourquet, J.-L. Cassely, *La France sous nos yeux*, Seuil, 2021.

A. Fretel, « Réformes du marché du travail : que disent les "exemples" étrangers ? », *Chronique internationale de l'IRES*, n° 155, septembre 2016.

O. Lamotte et T. Porcher, « Stratégie des compagnies pétrolières internationales et partage de la rente : le cas du Congo », *Management et avenir*, n° 42, p. 310-327, 2011.

P. Le Clezio, *Prélèvements obligatoires : compréhension, efficacité économique et justice sociale*, Rapport du Conseil économique et social, 2005.

M. Mazzucato, *L'État entrepreneur*, Fayard, 2020.

L. Peytavin, *Le coût de la virilité*, Anne Carrière, 2021.

T. Piketty, *Aux urnes, citoyens !*, Les liens qui libèrent, 2016.

R. Pollin, J. Heintz et H. Garrett-Peltier, « The Economic Benefits of Investing in Clean Energy: How the economic stimulus program and new legislation can boost US economic growth and employment », *Political Economy Research Institute*, University of Massachusetts, 2009.

S. Porcher et T. Porcher, « Fuel taxes and consumer behaviour: a Markov-switching approach », *International Journal of global energy issues*, vol. 41, n° 1-4, 2018.

T. Porcher et H. Landes, *Le Déni climatique*, Max Milo, 2015.

T. Porcher et F. Farah, *Introduction inquiète à la Macron-économie*, Les petits matins, 2016.

T. Porcher, *Traité d'économie hérétique*, Fayard, 2018.

T. Porcher, *Les Délaissés*, Fayard, 2020.

Remerciements

Je tiens à remercier Isabelle Saporta, mon éditrice et Présidente-directrice générale, pour sa confiance, ses remarques et ses nombreux encouragements dans l'écriture de ce livre. Je remercie également Jean-François Dauven pour ses commentaires et son accompagnement dans la réalisation de ce livre.

Merci aussi à Frédéric Farah pour sa relecture attentive et ses remarques, au collectif des économistes atterrés, dont j'ai l'honneur de faire partie, pour alimenter constamment mes réflexions.

Enfin, mes remerciements vont à mes coauteurs d'articles scientifiques Raphael Homayoun Boroumand, Stéphane Goutte et Simon Porcher.

Table des matières

Composition et mise en pages
Nord Compo à Villeneuve-d'Ascq

Cet ouvrage a été imprimé en France par
CPI Brodard & Taupin
Avenue Rhin et Danube
72200 La Flèche (France)

pour le compte des Éditions Fayard
en octobre 2022

PAPIER À BASE DE FIBRES CERTIFIÉES

Fayard s'engage pour l'environnement en réduisant l'empreinte carbone de ses livres. Celle de cet exemplaire est de :
1,2 kg éq. CO_2
Rendez-vous sur www.fayard-durable.fr

Dépôt légal : octobre 2022
N° d'édition : 39-5505-5/02 - N° d'impression : 3040467